LES DENTS DE JACQUES D'ARMAGNAC.

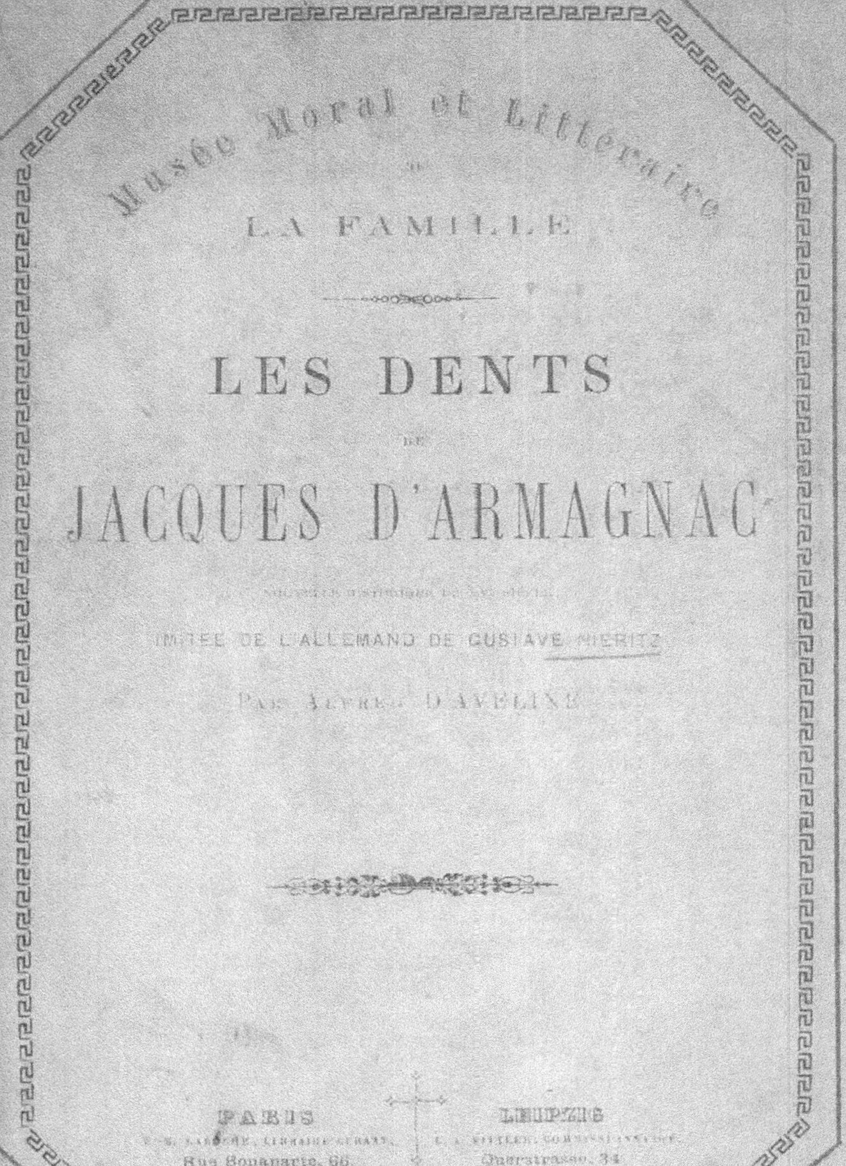

Musée Moral et Littéraire
DE
LA FAMILLE
LES DENTS
DE
JACQUES D'ARMAGNAC
NOUVELLE HISTORIQUE DU XVe SIÈCLE,
IMITÉE DE L'ALLEMAND DE GUSTAVE NIERITZ
PAR ALFRED D'AVELINE
PARIS
V. M. LAROCHE, LIBRAIRE-GÉRANT,
Rue Bonaparte, 66.
LEIPZIG
L. A. KITTLER, COMMISSIONNAIRE,
Querstrasse, 34.
H. CASTERMAN
TOURNAI

MUSÉE MORAL ET LITTÉRAIRE DE LA FAMILLE.

Chaque volume orné d'un sujet gravé, est élégamment broché.

Alaf le Chevrier; par A. D'Aveline.

Amies (les) **de pension**, nouvelle traduite de l'anglais.

Au foyer de la famille; par Thil-Lorrain.

Baguettes (les) **du petit tambour**; par A. D'Aveline.

Chambre (la) **à la porte de fer**; par A. D'Aveline.

Chaumière (la) **de Haut-Castel**; par E. Benoit.

Clef (la) **de la frégate**; par A. D'Aveline.

Clémence, ou Dieu veille sur l'orpheline; par Henri Van Looy.

Contrebandiers (les) **du Val-des-Trois-Hêtres**; par A. D'Aveline.

Croix (la) **d'Orval**; par Aymé Cécyl.

Dents (les) **de Jacques d'Armagnac**; par A. D'Aveline.

Deux histoires de la chambre rouge; par A. D'Aveline.

Edouard Blackford, épisode de l'histoire d'Angleterre.

Epis de Ruth; par l'abbé S. Fouré.

Etoile de Tunis; par Ch. Raymond.

Ferme d'El-Rarbi; par Arm. de Solignac.

Fille (la) **du Colon**; par A. D'Aveline.

Fleurs de la vie de pension, par H. Van Looy.

Jean Sobieski; par l'abbé Guenot.

Lances de Lynwood; par J.-W. Parker.

Neveu de l'ingénieur (le); par le doct. Olivier.

Olivier Cromwell; par Von Ambach.

Père Laval; par James Mac'Sherry.

Périls de Percival; par De Courson.

Ravin des loups (le); par A. D'Aveline.

Rupert le Braconnier; par Von Ambach.

Scander-Bey; par C. Guenot.

Sire Evrard; par René De Mariccourt.

Trésor (le) **de l'île des Flibustiers**; par A. D'Aveline.

Un esprit et un Cœur vivifiés par le catholicisme; par l'abbé S. Fouré.

Vengeance (la) **d'un ci-devant**; par D'Arioul.

Ville des morts (la); par Gerbée.

Village des Alchimistes; par A. D'Aveline.

Cette intéressante collection s'enrichit constamment de nouveaux volumes.

Une énorme pierre se détacha de la façade du palais et vint tomber près du Roi.

LES DENTS

DE

JACQUES D'ARMAGNAC

NOUVELLE HISTORIQUE DU XVe SIÈCLE,

Imitée de l'allemand de Gustave NIERITZ,

PAR ALFRED D'AVELINE.

<table>
<tr><td>PARIS</td><td></td><td>LEIPZIG</td></tr>
<tr><td>P. H. LAROCHE, LIBRAIRE-GÉRANT,</td><td></td><td>L. A. KITTLER, COMMISSIONNAIRE,</td></tr>
<tr><td>Rue Bonaparte, 66.</td><td></td><td>Querstrasse, 34.</td></tr>
</table>

H. CASTERMAN

TOURNAI

1866

LES DENTS

DE

JACQUES D'ARMAGNAC.

1. — LE CAVEAU ET LES LIÉVRES.

— Ma foi, il était temps de songer à nettoyer le caveau seigneurial,
disait la veuve Michelet à sa fille Toinette, enfant d'environ douze ans.
Vois donc comme le vent a soufflé jusqu'ici les feuilles mortes de l'automne passé. De la poussière partout; des toiles d'araignée tendues
dans tous les angles. Si bonne que soit madame la duchesse, elle serait
sans doute bien fâchée de trouver le caveau dans cet état, en venant
le visiter, comme elle fait deux fois par an, le jour de la naissance et
le jour de la mort de la petite princesse Isabelle. Heureusement c'est
à la fin du printemps que tombent ces deux tristes anniversaires. Toinette, balaie et frotte bien tous les coins. Tes yeux sont jeunes, et ils
voient infiniment mieux que les miens au jour douteux qui nous éclaire.
Regarde aussi, mon enfant, s'il reste encore des toiles d'araignée aux
murs ou au plafond.

L'endroit où dame Michelet parlait de la sorte à sa fille, présentait
un aspect qui n'était rien moins que réjouissant. En effet, c'était le
caveau funèbre que la famille ducale de Nemours possédait sous la
chapelle du château de Carlat, petit bourg de France, situé dans la
partie de l'ancienne province d'Auvergne dont on a formé, depuis, le
département de Cantal. Car, il faut bien le dire, un lieu de sépulture
souterrain, creusé profondément dans le sol, couvert d'une voûte d'où
semblent suinter des larmes, et vaguement éclairé d'en haut par quelques petites fenêtres grillées, offre un caractère infiniment plus lugubre qu'un de ces frais et verdoyants cimetières, qui, sans les îles de
croix et de tertres qu'on y voit s'aligner, ressembleraient à de vrais
jardins, tant l'herbe y est tendre et fine, tant les oiseaux y chantent

gaiement, tant le soleil y sème de rayons d'or sur les monuments, élevés par l'affection des vivants à la mémoire des morts bien-aimés.

Dans le caveau de Carlat vous eussiez remarqué de longues rangées de tombeaux de marbre et de plomb, qui témoignaient à la fois de l'antiquité et des nombreux embranchements de la famille des Armagnac, dont un cadet, Jacques d'Armagnac, fils du célèbre connétable de ce nom, avait, en 1461, obtenu du roi Louis XI le titre de duc de Nemours. Des guerriers et des hommes d'Etat illustres, des femmes et des jeunes filles dont la beauté avait ébloui les yeux des hommes, des jeunes gens et des enfants morts à l'entrée de la vie, attendaient, soigneusement enfermés dans ces sépulcres, le moment du dernier réveil. Des inscriptions en lettres d'or ou d'argent, incrustées dans le métal ou dans la pierre, disaient le nom de chacun de ces trépassés, les dignités dont ils avaient été revêtus, les actes glorieux de leur vie, la date de leur naissance et celle de leur mort. Cependant ni les noms retentissants qu'ils portaient, ni l'antiquité de leur race, ni les faits héroïques dont ils avaient rempli les pages de l'histoire, ni les honneurs dont ils avaient joui, ni les richesses immenses qu'ils avaient possédées, rien n'avait pu les défendre contre les atteintes de la mort, cette puissance irrésistible qu'aucune puissance de la terre ne peut combattre.

Le plus petit et le plus récent de ces tombeaux contenait les restes de la princesse Isabelle d'Armagnac, qui, morte au berceau, avait à peine eu le temps d'entrevoir le monde. Une couronne de fleurs, déposée par l'affection maternelle sur le couvercle de ce monument, avait eu le même sort que la pauvre enfant endormie de ce sommeil qui n'a pas de fin ici-bas. Elle était flétrie, et avait perdu depuis longtemps sa beauté, sa fraîcheur et son parfum. L'homme, que son ambition et son activité attachent plutôt au présent et à l'avenir qu'au passé, évite communément l'aspect des cimetières, ces cités des souvenirs. La femme, au contraire, se plaît à visiter ces pieuses solitudes, à orner le lieu où dorment les êtres qu'elle a aimés, et à renouveler dans son cœur inconsolé l'angoisse qu'elle éprouva en se séparant d'eux. C'est ce même sentiment qui faisait, deux fois par an, descendre la duchesse Louise d'Armagnac seule dans le caveau de sa famille, pour pleurer sur le tombeau de sa petite fille et y déposer son offrande de fleurs printanières.

Tandis que la mère Michelet brossait à grands tours de bras les parois du lugubre souterrain et enlevait les toiles d'araignée dont elles étaient couvertes, sa fille faisait aller vaillamment son balai de genêt et rassemblait les feuilles mortes que le vent avait chassées dans le caveau. Un nuage de poussière flottait autour des tombeaux, sans qu'aucun des illustres personnages qui y dormaient proférât une syllabe ou donnât le moindre signe de mécontentement.

Tout à coup Toinette poussa un cri d'effroi, qui retentit avec un bruit lugubre dans les profondeurs du souterrain. En même temps elle laissa échapper le balai de ses mains tremblantes.

— Qu'est-ce qu'il y a donc? demanda au même instant sa mère non moins effrayée, en arrêtant brusquement le mouvement de sa brosse et en regardant l'enfant qui semblait pétrifiée de terreur et tenait les yeux fixement dirigés vers le coin le plus obscur du caveau. Mais parle donc, au nom du Ciel! ajouta dame Michelet dont l'épouvante croissait à mesure que Toinette s'obstinait à ne pas répondre.

— Il y a là quelque chose d'étrange, balbutia enfin la jeune fille d'une voix à demi étouffée. Regardez, mère, regardez tout là-bas dans ce coin. Cette chose blanche serait-ce la petite princesse ou un fantôme?

— Fais le signe de la croix, mon enfant, et invoque le secours de la sainte Vierge, répondit la mère en se signant elle-même. Le fantôme, si c'en est un, disparaîtra aussitôt. Mais n'aie pas peur; les fantômes ne se montrent guère en plein jour, et la pauvre petite princesse repose aussi bien gardée dans son petit tombeau de plomb qu'une amande de pêche dans son noyau.

— Vous avez beau dire, le fantôme est toujours là et il ne fait pas mine de bouger, répliqua Toinette qui avait instinctivement suivi l'exemple de sa mère et fait le signe de la croix. Oh! je reconnais distinctement une petite tête d'enfant. Voilà qu'elle se remue! Vous ne voyez donc pas? Vous n'entendez donc pas le léger bruit qu'elle fait? Mon Dieu! où me cacher?

La peur, que l'on nous dépeint souvent comme sourde et aveugle, a l'ouïe bien plus fine et plus perçante que le courage. L'homme qu'elle a saisi, voit et entend ce que personne d'autre ne peut entendre ni voir. Il en était de même de Toinette. Un léger souffle de vent s'était engouffré dans le caveau et avait remué les feuilles mortes entassées devant la jeune fille; mais, dans le coin qu'elle venait de désigner à sa mère, on n'eût remarqué ni le moindre bruit ni le moindre mouvement. Cependant rien n'y fit. Toinette ne put maîtriser la terreur qui s'était emparée d'elle, et elle prit la fuite en criant. La mère, entraînée par l'exemple de sa fille, — car il y a cela d'étrange, que rien ne se communique aussi vite que la peur, — lâcha pied et se mit à crier à son tour.

Déjà toutes deux étaient parvenues au bas de l'escalier qui conduisait du caveau à la chapelle, lorsque, — bizarre contraste avec les cris d'effroi qu'elles poussaient l'une et l'autre, — une joyeuse voix d'enfant, qui chantait et dont le refrain alternait avec un sifflement imité de quelque oiseau des bois, se fit entendre à l'une des fenêtres par les baies desquelles le souterrain était éclairé. Cette voix suffit pour rassurer la mère et la fille et les arrêta tout court dans leur fuite.

— Hugo ! s'écria aussitôt la femme Michelet qui avait repris quelque courage ; Hugo, est-ce toi ? Descends vite auprès de nous !

— Comment ! petite mère, vous êtes là-bas ? répondit à cet appel la voix d'un jeune garçon.

En même temps une figure rose, encadrée dans une riche chevelure noire et naturellement bouclée, se montra devant les barreaux de fer qui se croisaient dans la baie principale par laquelle le jour filtrait ses avares rayons dans l'intérieur du caveau.

— Petite mère, je vous cherchais précisément, reprit l'enfant. Il faut qu'à l'instant même vous retourniez à la maison. Votre frère, notre cher oncle, vient d'arriver. Il ne peut rester que peu d'heures avec nous, et il a quelque chose de pressé à vous dire.

— Fort bien ; mais descends d'abord auprès de nous, et vite, bien vite, reprit la veuve qui tenait dans ses bras Toinette toute tremblante.

A peine eut-elle proféré cet ordre, que la tête d'Hugo disparut de derrière le grillage, et qu'on entendit les pas de l'enfant qui descendait rapidement l'escalier.

— Me voilà, petite mère, répliqua le jeune garçon qui pouvait avoir treize ou quatorze ans, mais dont la taille haute et vigoureuse accusait un âge plus avancé.

— Mon enfant, fais d'abord le signe de la croix et recommande-toi à la protection de tous les saints, dit la veuve à son fils. Ensuite regarde bien ce qu'il y a dans ce coin là-bas. Ta sœur prétend y avoir aperçu quelque chose d'extraordinaire. Mais sois prudent, et reviens à l'instant même sur tes pas, s'il y a quelque danger ou si tu vois quelque apparition.

— Dans ce coin là-bas ? demanda Hugo. Je n'y vois rien du tout. Mais attendez, voilà que je remarque quelque chose de grisâtre. Ma foi, ce pourrait bien être un renard, un loup, un chat sauvage ou quelque autre animal qui aura cherché un refuge ici. Mère, donnez-moi le manche de votre brosse et mettez-vous en sûreté avec Toinette pendant que j'irai parler avec ce morceau de bois à mon inconnu. Retirez-vous, mère ; Toinette, retire-toi. Pouf ! voilà un coup superbe. En voici encore un, et encore un. Mais, mon Dieu, qu'est-ce que cela veut dire ? Cela ne bouge pas plus qu'un paquet de haillons et cela résonne comme si je frappais sur une botte de paille. Ah ! certainement il n'y a ici ni danger ni motif de frayeur.

En disant ces mots, Hugo laissa échapper de ses mains le manche de la brosse, s'avança résolument vers l'angle du caveau et saisit l'objet qui avait inspiré une si grande terreur à sa sœur Toinette.

— Tiens, exclama-t-il avec un étonnement extrême. Qu'est-ce que c'est que cela ? Voilà qui est singulier ! Il faut que je regarde cela à la lumière.

Aussitôt il s'approcha de la fenêtre grillée et s'écria avec l'accent de la surprise :

— Petite mère, je vous le donne en mille. Devinez ce que je tiens ici à la main. Cela n'a pas apparence de vie. Ce sont trois lièvres morts. Mais comme ils sont desséchés ! Je voudrais bien savoir comment ceux-là sont entrés ici et ce qu'ils sont venus y faire. Tenez, mère, sentez ; ils ne pèsent presque plus rien ; car il n'en reste que la peau et les os. Sans doute, ils sont morts de faim dans ce coin.

— Les pauvres animaux ! murmura Toinette d'un ton de pitié en se hasardant à toucher de la main un des lièvres. Comme ils doivent avoir souffert, et pendant combien de temps, avant que la mort soit venue mettre un terme à leurs souffrances ! Que de fois ils ont dû s'élancer vers la fenêtre, mais sans pouvoir l'atteindre ! O mon Dieu, pourquoi n'avons-nous pas nettoyé plus tôt et plus souvent ce caveau ? Car je ne saurais dire avec quelle douleur je songe au sort de ces pauvres bêtes.

— Tu as raison, repartit Hugo aussi ému que sa sœur. La faim fait beaucoup souffrir, et la soif plus encore. Il vaudrait infiniment mieux recevoir un bon coup d'épée au travers du cœur que de mourir de faim ou de soif.

— L'hiver dernier, ajouta la mère, a été extraordinairement long et froid, et la neige a été fort abondante. C'est alors, sans doute, que ces pauvres animaux ont cherché un abri dans ce souterrain, dont il ne leur aura plus été possible de sortir.

— Les peaux tout au plus pourront encore servir, reprit Hugo après avoir examiné de nouveau ce qui restait des trois malheureux quadrupèdes. Savez-vous quoi, petite mère ? Je vais les jeter par la fenêtre dans le jardin du château, où je viendrai les prendre ce soir sans que personne s'en aperçoive. Car il faut bien que nous ayons quelque dédommagement de la peur que nous avons eue.

— Mon enfant, tu ne réfléchis pas à ce que tu dis, répliqua la veuve. As-tu donc oublié que le duc, notre seigneur et maître, punit avec bien plus de sévérité celui qui abat ou dérobe une pièce de gibier, que celui qui se rend coupable d'un meurtre ou d'un vol d'une autre espèce ? N'as-tu pas vu de tes propres yeux comment le pauvre Rolet, pour avoir tué un chevreuil, fut attaché vivant sur le dos d'un cerf sauvage qu'on lâcha ensuite dans la forêt, et comment le vieux Berthoud fut frappé à coups de bâton au point d'en rendre presque l'âme, pour avoir pris dans des lacets deux perdrix et les avoir mangées ? Ce serait folie que de se jeter dans le malheur pour trois peaux de lièvres morts de faim. Mon Dieu, gardons-nous-en. Nous irons porter ces peaux à notre gracieux seigneur, et lui dire comment nous les avons trouvées. Peut-être fera-t-il prendre des mesures pour que, l'hiver prochain, de pauvres bêtes ne puissent plus se fourvoyer ici, et de cette manière nous aurons au moins fait quelque bien.

— Vous avez raison, mère ; vous avez toujours raison, répondit Hugo tout confus.

— Et vous avez un cœur d'ange, ajouta Toinette attendrie.

Alors la veuve et ses deux enfants, qui avaient pris la dépouille des lièvres, remontèrent du caveau à la chapelle. Au moment où ils entrèrent dans la cour du château, messire Jacques d'Armagnac, duc de Nemours, qui revenait d'une partie de chasse, y entrait aussi, accompagné de ses piqueurs et de sa meute.

C'était vers la fin du mois de mars 1473. La nature avait déjà revêtu sa plus belle robe de fleurs et de verdure. Les amandiers, les pêchers et les abricotiers avaient déjà secoué leurs pétales blancs et roses, ces langes parfumées d'où sortent tant de fruits délicats, tandis que les cerisiers et d'autres arbres fruitiers commençaient la brillante période de leur anthèse et se montraient à leur tour couverts de bouquets roses et blancs.

A l'époque où se passa l'histoire que nous racontons ici, la France n'était pas encore cet Etat puissant qui a joué un si grand rôle dans les annales du monde, depuis que les différentes parties dont elle se compose ont été réunies sous le même sceptre. Elle était divisée alors en un certain nombre de vastes seigneuries, appelées grands fiefs, et dont les chefs, désignés sous le nom de grands vassaux de la couronne, relevaient du roi et le reconnaissaient pour leur suzerain, mais jouissaient cependant d'un pouvoir presque absolu dans leurs domaines. C'étaient, pour ainsi dire, autant de petits souverains particuliers, qui aspiraient constamment à s'affranchir de toute sujétion au chef suprême du royaume. Le plus puissant et le plus redoutable de ces vassaux était le duc de Bourgogne. Au nombre des adversaires moins dangereux du roi on comptait, outre son propre frère Charles de France, les ducs de Bretagne, de Bourbon, d'Alençon, de Nemours et de Lorraine, ainsi que plusieurs comtes et autres grands seigneurs, qui mordaient leur frein et n'obéissaient qu'à regret à l'autorité royale.

En 1465, c'est-à-dire quatre années après que le roi Louis XI fut monté sur le trône de France, la plupart de ces seigneurs se liguèrent contre leur suzerain. Ils poussèrent l'audace jusqu'à lever des armées, à faire la guerre aux troupes du roi, à envahir ses domaines particuliers, à menacer même Paris, la capitale du royaume. Louis XI était environné d'ennemis déclarés ou cachés. A la vérité, il ne pouvait se le dissimuler, il ne possédait ni ne méritait l'affection de ses sujets ; car l'histoire nous le dépeint comme un homme sans cœur et sans loyauté, comme un prince despotique et cruel, bien qu'elle lui reconnaisse en même temps le mérite d'avoir travaillé le premier à établir l'unité du pouvoir en France, et d'avoir jeté ainsi les fondements de cette grande monarchie. Il mit une fermeté incroyable et une infatigable persévérance à tenir tête à ses nombreux adversaires. Il triompha d'eux moins par la force des armes que par la ruse, par la finesse, par un apparent esprit de conciliation, et par l'art de semer la désunion et la défiance entre ceux qui lui étaient opposés. Connaissant le pouvoir séducteur de l'or, il n'hésitait point, si avare qu'il fût de sa nature, à le prodiguer à pleines mains pour gagner les conseillers les plus intimes, les capitaines les plus vaillants et les serviteurs les plus affidés de ses puissants ennemis et pour les détacher de leurs maîtres.

Jacques d'Armagnac s'était trouvé au nombre de ceux qui, en 1465, avaient pris les armes contre le roi. Bien que Louis XI lui eût fait grâce cette fois, il renouvela, en 1470, sa tentative de révolte, mais avec aussi peu de succès qu'auparavant. Ses domaines furent déclarés confisqués, et lui-même fut pris et condamné à perdre la vie. Mais il fut gracié de nouveau, après avoir pris l'engagement solennel de se soumettre volontairement à subir cette condamnation, s'il lui arrivait encore à l'avenir de se rendre coupable de quelque entreprise contre la suzeraineté royale.

D'après ce que nous venons de dire, on voit que la veuve Michelet avait d'excellents motifs pour éviter d'encourir, en gardant secrètement les trois lièvres, la colère d'un homme aussi violent que l'était son seigneur et maître. Aussi les déposa-t-elle aux pieds de messire d'Armagnac, aussitôt qu'elle se trouva en sa présence dans la cour du château, et elle lui raconta comment les pauvres bêtes avaient été découvertes dans le souterrain. Quand elle eut fini de s'expliquer, le duc se tourna, en riant, vers sa femme qui était venue au-devant de lui avec trois de ses enfants.

— Ah ! Louise, tu ne devineras jamais le nouveau procédé par lequel ont été pris ces malheureux lièvres.

En disant ces mots, il poussa du bout de sa botte les animaux décharnés aux pieds de la duchesse.

— Mes bons ancêtres, tout morts qu'ils sont, ne renoncent pas au noble plaisir de la chasse, continua le duc d'un ton de plaisanterie ; car, tu le vois, ils tiennent au privilége de fournir du gibier à la broche de notre cuisine.

La duchesse, qui était une jeune femme d'une constitution fort délicate et dont le visage était couvert d'une pâleur un peu maladive, regarda en silence les trois pauvres bêtes. Elle se sentit tressaillir sous le regard autant qu'aux plaisanteries passablement inconvenantes de son époux. Cependant elle se fit violence pour ne pas donner une expression visible au sentiment qu'elle éprouvait. Mais ses enfants manifestèrent d'autant plus ouvertement la sympathie profonde qu'ils ressentaient pour les infortunés quadrupèdes, qui, desséchés comme des momies, présentaient un aspect vraiment digne de pitié.

— Tenez, mère, dit avec un accent de profonde commisération la petite princesse Marguerite, charmante enfant de onze ans, il me semble les voir sauter le long des parois du caveau, pour essayer de chercher quelque nourriture et d'échapper à la mort.

— Avec quel plaisir je leur eusse abandonné mon déjeuner et mon souper! continua le prince Jacques, petit garçon de neuf ans.

— Et moi, tout mon diner! ajouta en sanglotant son frère François, qui comptait deux ans de moins.

— Avec quelle avidité ils ont dû aspirer à quelque brin d'herbe et à quelque gorgée d'eau! reprit Marguerite.

— Dans leur angoisse, n'auraient-ils pas, pour tromper la faim, essayé de ronger les angles des tombeaux de plomb et de marbre qui se trouvent dans le souterrain? demanda Jacques.

— Ou peut-être engagé une lutte entre eux pour s'entre-dévorer? dit François en continuant de sangloter.

— Assez de ces folles lamentations! s'écria, en ce moment, le duc avec une vivacité qui témoignait à quel point la sensibilité de ses fils lui déplaisait. N'avez-vous pas honte, mes garçons, de pleurer comme des femmes sur ces misérables peaux de lièvres? Si cela continue, ma foi, vous n'avez qu'à prendre la quenouille au lieu de songer à manier un jour la lance et l'épée.

S'adressant ensuite à la duchesse :

— Louise, lui dit-il, tu me fais des femmelettes de ces garçons-là. Aussi me faudra-t-il les confier à une autre discipline que la tienne. Sous la direction de Lerreau, ils prendront meilleure tournure. Il m'en fera des hommes plus solides, je pense, que toi dans l'air énervant de ta chambre d'enfants.

— Au nom du Sauveur et de tous les saints, répondit la duchesse toute consternée du langage qu'elle venait d'entendre, j'espère bien que vous ne confierez pas nos fils aux mains rudes et sanguinaires de ce terrible Lerreau. Expose-t-on aux bises de l'hiver de tendres plantes auxquelles l'air tiède des serres est indispensable encore?

— Je ferai, madame, ce qui me semblera convenable, repartit le duc d'un ton brusque et dur. J'aime mieux n'avoir pas de fils que de laisser mon nom à des êtres qui ne soient pas des hommes.

Puis, se tournant vers Hugo Michelet qui, de même que sa mère et sa sœur, était resté muet témoin de cette scène :

— Allons, mon garçon, lui dit-il, enlève ces peaux de lièvres. Elles sont à toi.

Mais, comme le fils de la veuve se disposait à les ramasser :

— Attends un moment, reprit tout à coup le châtelain. Il me vient une idée. Mon ancien ami, le duc Pierre de Bretagne, m'envoya, il y a quelques jours, un plaisant cadeau, un vieux faucon aveugle. Je lui adresserai en retour ces trois peaux desséchées. Ha! ha! ha! voilà

une belle idée, j'espère. Aussi je veux que l'heureux gaillard qui les
a trouvées, aille les porter lui-même, afin que mon noble ami lui fasse
bonne largesse. Ha! ha! ha! il me semble voir les grands yeux que
mon illustre ami Pierre ouvrira quand il recevra mon cadeau. Dans
deux heures, mon garçon, tu reviendras ici et tu trouveras prête la
lettre que je veux écrire au duc. Le voyage, tu peux le faire sans
trop te presser, car ce gibier-là ne se gâtera pas dans ta carnassière.

Ces paroles donnèrent une commotion terrible à la duchesse et à la
veuve Michelet. Toutes deux pâlirent au même instant et éprouvèrent
un frisson qui les parcourut des pieds à la tête. Toutes deux ouvrirent
en même temps la bouche pour essayer de dissuader le duc de son
projet. Mais aucune d'elles n'osa parler, de crainte de lui déplaire,
chacune espérant que sa voisine romprait la première le silence.
Enfin l'amour maternel l'emporta sur toute autre considération. La
veuve se jeta aux pieds du châtelain, et, joignant les mains, s'écria :

— Mon gracieux seigneur, ayez pitié de moi! Ayez pitié du dernier
fils qui me reste! Mon mari a été tué à votre service. Mon fils aîné,
qui est parti pour porter un de vos messages, nous ne savons ce qu'il
est devenu. N'enlevez donc pas à la plus humble de vos servantes le
dernier soutien de sa vieillesse. Notre Seigneur Dieu vous en récom-
pensera. Vous avez tant d'autres gens à vos ordres. Est-ce précisément
un faible enfant, un enfant inexpérimenté comme le mien, qu'il faut
choisir pour entreprendre un si long et si périlleux voyage?

— Par les cheveux de ma tête, qu'est-ce que cette folle me radote-
là? exclama le duc avec une compassion hypocrite. Je veux procurer
à son garçon l'occasion d'obtenir une riche récompense, et voilà qu'elle
me parle de dangers et de périls de mort! Crains-tu par hasard que
ton fils ne succombe sous le poids de trois peaux de lièvres? Ou qu'elles
n'excitent la convoitise des voleurs de grand chemin? Ou que nos
forêts recèlent assez d'animaux carnassiers pour qu'on ait à craindre
de ne pouvoir échapper à leurs griffes ou à leurs dents? Allons, s'il
en est ainsi, bonne femme, enferme ton fils dans une chambrette et
apprends-lui à filer sa quenouille.

— Mon gracieux seigneur, daignez m'envoyer moi-même à la place
de mon frère, dit alors Toinette d'une voix ferme et décidée. Qu'im-
porterait si je ne revenais pas? Il resterait, au moins, un soutien à
ma bonne mère.

— Tu l'entends, mon garçon, dit aussitôt le sire de Carlat en s'adressant à Hugo. Accepteras-tu la proposition de cette courageuse enfant?
Et voudras-tu qu'une faible jeune fille te fasse rougir de honte?

A cette sorte de provocation, les yeux d'Hugo se remplirent d'éclairs
et ses poings se crispèrent convulsivement.

— Messire, répondit-il vivement, envoyez-moi où il vous plaira. Je
suis au service de votre seigneurie....

— Monseigneur, n'écoutez pas ce que disent mes enfants, interrompit la veuve d'une voix entrecoupée de sanglots. Ils ne savent point de quoi il s'agit. Car, hélas ! des nombreux messagers que vous avez adressés à vos amis et à vos alliés, pas un seul n'est revenu.

— Qu'est-ce que cela prouve, objecta le duc, si ce n'est que mes messagers me sont devenus infidèles et qu'ils ont déserté mon service ? C'est précisément pour cela que je veux essayer de cet enfant, et j'espère qu'il trouvera mieux que ses prédécesseurs le chemin pour revenir ici.

En ce moment la duchesse tira doucement son mari à l'écart et lui dit d'une voix suppliante :

— Par le salut de nos enfants, par votre propre salut, je vous conjure de renoncer à votre projet. Vous ne l'ignorez point ; des espions invisibles vous observent de toutes parts ; la moindre de vos démarches, la moindre de vos actions, la moindre de vos paroles, on les connaît. Jusque dans les lettres les plus innocentes que vous adressez à vos amis et à vos alliés, le roi soupçonnera quelque nouvelle conspiration tramée contre lui et trouvera un motif pour vous perdre. Mon ami, souvenez-vous de la promesse solennelle que vous lui avez faite et du serment que vous avez prêté sur la croix de saint Lo.

— Assez, Louise, assez de paroles inutiles. Pas un mot de plus, repartit Armagnac d'une voix qui vibrait de colère. Eh quoi ! le duc de Nemours serait-il tombé assez bas pour ne plus oser se permettre un innocent badinage avec un ami ? Le roi peut, tant qu'il lui plaira, s'enquérir de mes paroles et de mes actions. Ma vie est un livre ouvert, où il peut lire à toute heure. Quant à ses espions, je ne m'en soucie guère, et j'espère bien déjouer toutes leurs ruses. Je ferai donc ce que j'ai résolu, quand même les valets du bourreau que Louis tient à sa solde seraient en marche pour essayer de s'emparer de moi.

Ces mots ne souffraient point de réplique.

Aussi le duc, comme s'il n'eût pu croire à la possibilité d'une objection quelconque, monta-t-il le perron du château en faisant résonner les dalles sous ses bottes éperonnées.

La duchesse le suivit en silence, accompagnée de ses enfants et le cœur agité d'une anxiété indicible.

II. — LE MESSAGE.

Ce fut avec une angoisse plus profonde encore que la pauvre veuve sortit avec ses enfants de la cour du château.

Tous trois s'acheminèrent vers la modeste habitation qu'ils occupaient dans un petit bâtiment isolé qui se trouvait à l'extrémité du parc de Carlat. Ils marchèrent pendant quelque temps sans qu'aucun d'eux parût disposé à proférer une parole. Enfin, Hugo rompit ce lugubre silence et s'écria d'un ton qui marquait une gaieté que l'enfant n'éprouvait peut-être pas au fond de son cœur :

— Tenez, bonne mère, voilà que l'histoire des lièvres nous a fait entièrement oublier le bon oncle ! Depuis longtemps il se chagrine sans doute et s'impatiente à attendre votre retour. Il est venu pour prendre les simples que vous avez recueillis pour lui.

— Tu as raison, mon enfant ! s'écria la veuve dont le visage s'illumina subitement comme d'un rayon de joie. Mais que veux-tu ? Je suis tellement bouleversée que je ne songeais plus à mon excellent frère Jacques. Qui sait ? C'est peut-être Dieu lui-même qui nous l'envoie pour nous sauver. Le brave oncle a l'esprit orné de sagesse. Il a toujours de bons conseils à donner, même dans les circonstances les plus critiques. Il nous dira quel parti nous reste à prendre, si nous devons nous soumettre aux volontés du duc, ou prendre la fuite, ou recourir à quelque autre moyen de te sauver la vie, mon enfant.

L'oncle Jacques n'était autre que le célèbre Coitier, médecin du roi Louis XI. Originaire de la Bourgogne, de même que sa sœur Anne, il avait été séparé de celle-ci depuis qu'elle avait épousé Michelet, un des vassaux du duc de Nemours. Pendant les premières années qui suivirent cette séparation, ils ne s'étaient vus que de loin en loin, et peu à peu ils étaient presque devenus étrangers l'un à l'autre, Anne s'adonnant tout entière aux soins que réclamait sa jeune famille, et Jacques cherchant à se frayer un chemin honorable dans le monde. Tout ce que la sœur savait c'est que son frère s'était consacré à l'exercice de la médecine et qu'il avait quitté la Bourgogne pour venir s'établir en France. Mais, après la mort de Michelet, qui avait perdu la vie dans une lutte engagée par son maître avec les troupes de roi, Coitier, comprenant que sa sœur, demeurée veuve, devait avoir besoin de secours, s'était empressé de renouer des liens qui paraissaient rompus depuis longtemps. Il portait à la bonne mère de famille une affection profonde, l'assistait généreusement et venait même de temps en temps lui faire une courte visite. Bien qu'il fût toujours vêtu comme un simple bourgeois, la femme Michelet soupçonnait cependant, d'après les manières distinguées de son frère et surtout d'après les cadeaux considérables qu'elle recevait de lui, qu'il devait occuper dans le monde une position beaucoup plus élevée. Quelle pouvait être cette position? La veuve l'ignorait ; car il en avait toujours fait mystère, et même à deux ou trois reprises il avait témoigné un certain mécontentement quand sa sœur avait fait mine de l'interroger à ce sujet. Depuis ce temps, elle n'avait plus cherché à s'enquérir du rang qu'il avait dans la société. Enfin, elle mettait le même scrupule et la même discrétion à s'informer du motif pour lequel il avait l'air d'éviter avec le plus grand soin toute rencontre avec le duc et avec son entourage, ses visites ayant lieu communément quand le soir était venu ou que le sire de Carlat était absent.

Or, ce jour-là Coitier attendait le retour de sa sœur avec une impatience plus vive que jamais. Aussi quelle fut sa joie lorsqu'il la vit entrer avec ses deux enfants ! Mais comme son visage se rembrunit un moment après, quand la pauvre veuve lui eut exposé, en versant un torrent de larmes, le danger qui menaçait son fils, et qu'elle l'eut conjuré d'emmener avec lui l'enfant et de l'arracher ainsi des mains du duc, dont elle n'hésitait pas, dans sa sollicitude maternelle, à encourir toute la colère !

Coitier pouvait avoir une quarantaine d'années. Sa taille était haute et ne manquait pas d'une certaine dignité. Son nez courbé en bec d'aigle et ses yeux noirs et vifs donnaient à sa figure une expression étrange, et constituaient des indices certains de l'énergie et de l'intelligence dont il était doué. Ses cheveux noirs et crépus étaient cachés sous un chaperon de cuir qui lui serrait la tête jusque dans la nuque et ne laissait à découvert que le visage.

Sans interrompre par un seul mot le récit que sa sœur lui faisait, il la laissa donner carrière à sa loquacité naturelle et l'écouta avec un calme imperturbable. Quand elle eut fini, il se prit à réfléchir un instant et fit de la tête un signe par lequel il manifestait d'une manière non équivoque qu'il improuvait le plan de fuite proposé par la pauvre mère.

— Si le duc, dit-il enfin, n'a pas d'autre dessein que celui qu'il a fait connaître, je ne vois pas qu'il puisse résulter de ce message un grand danger pour Hugo. Ce serait autre chose si ce message patent devait servir à en cacher un autre, secret et criminel. Mais supposons même ce dernier cas, il serait aussi imprudent que dangereux pour l'enfant de s'enfuir d'ici et pour toi d'y rester. Le duc a le bras long et l'esprit trop vindicatif pour que tu puisses espérer de résister à sa colère. Voici donc mon avis. Il faut qu'Hugo ait l'air de se prêter de bonne grâce à la volonté du duc, et qu'il se charge du message qui lui est prescrit. Aussitôt qu'il ne se trouvera plus en vue du château, il jettera dans quelque fourré les peaux et l'écrit destinés au duc de Bretagne. Puis il cherchera son salut dans la fuite. Certainement le garçon ne pourra plus alors revenir ici. Mais messire d'Armagnac croira naturellement que l'enfant a été pris par les gens du roi et qu'il a subi le même sort que les autres messagers partis de Carlat.

— Fort bien ; mais que fera ce pauvre enfant sans expérience, s'il reste abandonné à lui-même et si tu refuses de te charger de lui? demanda la veuve avec une indicible sollicitude.

A cette question, Coitier haussa les épaules et répliqua:

— Ma foi, entre deux malheurs, il faut choisir le moindre. C'est à toi, ma sœur, de décider. Si je puis faire quelque chose pour ton fils, compte sur moi. Seulement c'est à une condition bien expresse. Si nous nous rencontrons quelque part hors de cette maison, il faut qu'Hugo fasse semblant de m'être totalement étranger.

Puis, s'adressant à l'enfant :

— Mon garçon, continua-t-il, retiens parfaitement ce que je viens de dire. Du reste, le duc de Nemours pourrait bien prochainement combler la mesure et n'avoir plus à compter sur l'indulgence du roi.

En disant ces mots, Coitier tint, pendant quelques moments, les yeux levés au ciel. Après quoi, il ajouta à voix basse, comme s'il se fût parlé à lui-même :

— Duc de Nemours, je vois déjà un cercle rouge se dessiner autour de ton cou....

Mais il se retourna immédiatement vers la veuve et les deux orphelins, et murmura, en se posant un doigt sur la bouche :

— Silence, silence, j'en ai déjà trop dit peut-être...

Dès ce moment, Coitier se tut et regarda d'un air pensif sa sœur, qui s'était mise en devoir d'aider son fils à faire ses préparatifs de voyage et qui, les joues inondées de larmes, lui donnait toute sorte de bons conseils et lui recommandait la plus grande prudence.

La bonne femme tira aussi d'un bahut un cordon de soie et une petite croix d'argent qu'elle voulait attacher au cou de l'enfant comme un talisman protecteur. Mais, au moment où Hugo rabattait le col de sa chemise pour permettre à sa mère de lui glisser la petite croix sur la poitrine et de nouer le cordon, l'oncle, qui continuait à regarder la mère et le fils, s'approcha tout à coup pour observer de plus près une marque naturelle que son neveu portait à la naissance du cou, et qui se composait d'une grosse lentille brune et d'une autre plus petite. Ayant examiné cette marque sans dire un seul mot, il se rassit sur l'escabeau qu'il venait de quitter.

La veuve compléta la toilette de voyage de son fils en lui ajustant sur la tête un chaperon de cuir, semblable à celui que portait son frère.

Pendant tout le temps qu'avait duré cette opération la pauvre femme n'avait cessé de pleurer, et ses larmes roulaient par moments, comme des perles, sur les joues de l'enfant. Puis elle le serra dans ses bras avec une effusion de tendresse et d'angoisse maternelle qui eût ému le cœur le plus dur. Toinette embrassa également son frère avec des sanglots, et toutes deux se rendirent avec lui dans la cour du château.

Là le duc fit remettre à Hugo une sacoche qui contenait la dépouille des lièvres, la lettre destinée au duc de Bretagne et quelques grossières provisions de bouche pour le jeune voyageur. Déjà celui-ci se disposait à lever le pied pour se mettre en route, quand le sire d'Armagnac s'écria d'un ton de mauvaise humeur :

— Un moment, mon garçon, un moment encore. Je n'entends pas que tu partes avec l'horrible coiffure que tu as là. Ne dirait-on que tu portes une chauve-souris appliquée autour de la tête ? Ote cet affreux chaperon. Car il faut que tout le monde sache que tu es un messager du duc de Nemours.

Joignant aussitôt l'action à la parole, il arracha le chaperon de la tête de l'enfant. La coiffure de cuir, il la remplaça par un feutre qu'il enleva à un de ses plus proches serviteurs et qui était orné d'un petit écusson aux armes d'Armagnac. Malheureusement le chapeau était un peu trop large pour la tête d'Hugo, de sorte qu'il lui descendit jusque sur les yeux. Mais le serviteur ducal y remédia en glissant quelques morceaux de papier dans la coiffe du couvre-chef.

— A la bonne heure ! reprit alors le sire de Carlat. Maintenant, mon garçon, tu peux partir.

A cet ordre, l'enfant fit au duc un salut respectueux et se mit en route après avoir une dernière fois embrassé sa mère et sa sœur, qui, le cœur brisé par la violence qu'elles durent se faire pour ne pas éclater en cris et en sanglots, l'accompagnèrent de leurs vœux et de leurs bénédictions.

Si, dans ce moment, elles avaient levé les yeux, elles auraient aperçu, à l'une des fenêtres de l'étage supérieur du château, la duchesse Louise qui, les mains jointes et le visage livide, suivait le jeune voyageur d'un regard inquiet et semblait prier pour lui. Elle priait, en effet, la pauvre femme, mais à la fois pour lui et pour elle-même ; car des terreurs étranges obsédaient son esprit, et de sinistres pressentiments tourmentaient le cœur de l'épouse et de la mère, sa perspicacité n'ayant pas manqué de remarquer que le duc avait rempli deux feuilles de papier et mis à préparer sa missive beaucoup plus de temps qu'il n'en faut pour écrire un simple billet.

Le cœur déchiré, bien qu'il n'en eût rien laissé paraître, de crainte d'augmenter encore l'affliction de sa mère, Hugo Michelet prit le chemin qui lui avait été prescrit. Il se trouva bientôt hors de la vue du château et du bourg, et il s'engagea dans un bois fort épais qui s'étendait alors dans le voisinage du Carlat.

Arrivé dans cette solitude, il aurait, d'après les indications de son oncle, dont il avait soigneusement pesé toutes les paroles en lui-même, pu se débarrasser sans peine des peaux de lièvres et de la lettre dont il était muni. Mais il ne put se déterminer à prendre ce parti ; car c'eût été se fermer à tout jamais l'accès de la maison paternelle, renoncer pour toujours à revoir sa mère et sa sœur qu'il aimait tant, et se résoudre à courir les hasards d'un avenir incertain et plein de périls peut-être. Il hésitait d'autant plus à suivre le conseil de Jacques Coitier, que sa loyauté d'enfant se refusait à soupçonner dans le message dont il était chargé, simple et innocent badinage, le prétexte d'une mission plus coupable, comme l'oncle le craignait. D'ailleurs, la chanson ne dit-elle pas :

> La gaîté, l'insouciance
> Sont les fleurs de ce printemps,
> De ce doux printemps, l'enfance ?

Or, Hugo Michelet était parfaitement de son âge. La sérénité du ciel, les jeux variés des rayons du soleil dans les branches des arbres, les odorantes émanations des fleurs, les doux frémissements du feuillage, le bruit susurrant des sources, les chansons d'oiseaux qui s'élevaient de tous les buissons ou qui descendaient en notes vibrantes de tous les rameaux ; en un mot, ces splendeurs, ces parfums, cette musique, dont la nature accompagne le réveil du printemps dans la zone méridionale de la France, ne tardèrent pas à absorber entièrement l'attention du jeune voyageur, et à mettre son esprit au joyeux diapason du milieu où il se trouvait. Sa gaieté naturelle lui était revenue. Il marchait en chantant et en sifflant tour à tour comme s'il eût voulu jouter avec les oiseaux. Parfois, il s'arrêtait pour écouter les gracieuses mélodies des bouvreuils. Puis, il reprenait sa marche et courait après quelques pinsons qui sautillaient gaiement sur les berges de la route. Par moments aussi il faisait une courte halte au bord de quelque ruisseau pour étancher sa soif en mangeant une croûte de pain, et plus encore pour regarder dans le miroir de l'eau quel effet superbe il produisait avec le chapeau blasonné dont il était coiffé.

Il avait cheminé de la sorte depuis trois heures sans avoir rencontré personne, si ce n'est quelque voyageur inoffensif, quelque bûcheron qui allait reprendre son travail ou quelques enfants occupés à ramasser du bois mort.

Ce qui augmentait encore sa gaieté, c'était la perspective de la riche récompense que le duc lui avait fait entrevoir en plaisantant. Il ne cessait d'y songer et de se dire que Pierre de Bretagne était un seigneur trop magnifique pour manquer de faire bonne largesse à un messager de son ami de Nemours. Rempli de cette persuasion, il partageait déjà dans son esprit le trésor entre sa mère et sa sœur, et d'avance il se réjouissait de tout le bonheur qu'il allait leur procurer. Dans le ravissement qu'il éprouva devant le tableau que son imagination lui représentait ainsi, il ne put s'empêcher de faire un saut de joie en s'écriant :

— Ma foi, les voilà riches maintenant !

Malheureusement, il sauta sur un caillou qui lui glissa sous le pied et le fit tomber tout de son long sur l'herbe dont le chemin était bordé. Cette chute inattendue n'eût été qu'un accident insignifiant, car l'enfant ne s'était fait aucun mal. Mais, dans le mouvement irrégulier qu'il venait de faire, il avait donné contre un buisson, et son chapeau s'était enfoncé dans sa tête jusqu'au nez. Le pauvre garçon n'y voyait plus, et il lui fallut travailler assez longtemps des deux mains pour se dégager du maudit couvre-chef.

Il venait d'y réussir et s'était relevé sur ses jambes, quand il se trouva tout à coup face à face avec un homme armé, qui lui parut d'une taille herculéenne et qui le saisit brusquement à l'épaule comme pour l'arrêter.

— D'où viens-tu? Où vas-tu? lui demanda l'étranger avec un grand calme et en examinant l'enfant des pieds à la tête.

— D'où je viens? repartit Hugo. Du château de Carlat. Où je vais? En Bretagne, pour porter au duc Pierre trois peaux de lièvres que j'ai dans ma carnassière.

— A d'autres, mon garçon; tout le monde peut me répondre de cette manière, répliqua l'inconnu. Ce sont des preuves que je veux. Ce que tu viens de me dire a trop l'air d'un conte de bonne femme pour qu'il me soit permis d'y croire. Montre-moi la missive dont le duc ton maître t'a sans doute chargé.

Hugo ouvrit aussitôt sa carnassière, en tira la lettre adressée à Pierre de Bretagne et la remit à l'étranger en lui disant:

— La voici.

— Bien, fit l'homme en regardant avec attention le sceau blasonné qui servait de cachet à la lettre.

Mais il s'abstint de rompre le scel et de lire l'écrit, qu'il fourra, un moment après, dans son ceinturon. Cela fait, il dit au messager ducal:

— Viens un moment avec moi, mon garçon. Nous allons examiner ton affaire un peu plus loin.

— Pourvu que je ne me détourne pas trop de mon chemin, répondit l'enfant.

— Bah! tous les chemins mènent à Rome, répliqua l'homme en croyant formuler sur son visage un sourire, mais en faisant réellement une grimace et en poussant devant lui le jeune voyageur.

Au ton de voix, au regard farouche, au geste impérieux de l'inconnu, Hugo comprit que c'eût été peine perdue que de lui opposer la moindre résistance. Il se résigna donc à l'accompagner.

Sans plus s'éloigner de l'enfant que de la moitié de la longueur d'un bras, l'étranger se glissa avec son prisonnier à travers plusieurs fourrés; et, après quelques centaines de pas, l'introduisit dans une éclaircie à l'extrémité de laquelle un groupe de figures, semblables à celle de l'inconnu, se montrait disposé sur le sable autour d'un grand feu de bois. Bien qu'ils fussent tous armés, ils n'avaient cependant pas l'air d'être des soldats. A la vérité, ils avaient une sorte d'uniforme, mais ils étaient tous vêtus avec une extrême simplicité. Si bien qu'Hugo se crut un moment au milieu d'une bande de brigands. A l'exception d'un seul, qui paraissait être leur capitaine, chacun d'eux portait une corde de chanvre plusieurs fois repliée sur elle-même en forme d'écheveau et attachée à l'épaule gauche. A leur ceinture de cuir de buffle pendait une épée longue et large, et leurs arbalètes d'acier étaient appuyées aux troncs des arbres voisins. Un peu plus avant dans la forêt paissaient des chevaux sellés et bridés, qui appartenaient évidemment à ces cavaliers mystérieux.

Au moment où le fils de la veuve Michelet et son compagnon entrèrent dans l'espèce de rond-point où se trouvait ce groupe de personnages, tous ceux dont il se composait tournèrent vivement la tête et regardèrent l'enfant avec l'expression d'une curiosité qui semblait vouloir le sonder jusqu'au fond du cœur. Un seul d'entre eux, qui était entièrement vêtu de noir et dont le justaucorps était d'une coupe plus élégante et de drap plus fin, restait immobile, le dos tourné vers les nouveaux venus, et tenait, comme absorbé dans ses pensées, les yeux fixés sur le brasier.

Après que le compagnon du jeune messager, ayant tiré la lettre de son ceinturon, l'eut remise au personnage qui paraissait être le capitaine de la bande, et qu'il l'eut sommairement instruit de ce qui s'était passé, celui-ci jeta un regard scrutateur sur l'enfant et lui dit d'un ton singulièrement bourru :

— Ah! çà, mon garçon, si tu tiens à la vie, parle-moi avec une entière franchise. Outre cette missive et ces peaux de lièvres, ne portes-tu rien de caché sur ton corps ou dans tes vêtements? N'espère point me tromper par des ruses ou par des mensonges. Ces moyens ne réussissent auprès de moi à personne, et moins qu'à personne à un blanc-bec comme toi.

A cette question Hugo répondit négativement, et il protesta qu'il avait consciencieusement dit la vérité. Il y avait dans son langage un ton de sincérité si prononcé, et il avait subi avec un sang-froid si imperturbable l'inflexible regard de l'homme qui se trouvait en face de lui, qu'on n'eût pu s'empêcher de le croire sur parole. Cependant son interlocuteur secoua la tête d'un air de défiance et d'incrédulité. Puis, se tournant vers celui d'entre ses gens qui avait amené le prisonnier :

— Gautier, grommela-t-il, emmène-le pour quelques moments là-bas.

— Allons, par ici, mon garçon, dit aussitôt le compagnon d'Hugo.

Et il conduisit l'enfant dans un taillis obscur et assez écarté de la troupe pour qu'il ne fût plus possible à celui-ci de voir ou d'entendre ce qui allait se passer.

Après que tous deux se furent éloignés, le capitaine rompit le cachet
de la lettre ducale, où il lut ce qui suit :

« Mon cher cousin et ami,

« Vous avez naguère eu la bonté de m'envoyer un faucon unique
» dans son genre et merveilleusement dressé pour la chasse. Je me
» réjouis de pouvoir aujourd'hui vous en témoigner ma reconnais-
» sance, en vous adressant, par le porteur de la présente, trois super-
» bes lièvres que feu mes ancêtres ont pris au lacet dans leur caveau
» funèbre et qu'ils ont jusqu'à ce jour gardés pour vous. En vous
» faisant servir ce rôti tendre et délicat, ayez une pensée d'amitié
» pour   Votre fidèle et éternellement attaché cousin,

« JACQUES D'ARMAGNAC. »

Après avoir parcouru ces lignes, le capitaine tint la lettre devant le
soleil, comme s'il eût voulu s'assurer si elle ne contenait pas quelque
écriture secrète. N'ayant rien découvert, il l'approcha de la flamme
du brasier pour essayer d'y faire reparaître, grâce à l'action de la
chaleur, les lettres jaunes qu'il y soupçonnait tracées avec du jus de
citron. Cette nouvelle épreuve n'ayant pas donné de meilleur résultat
que la première, il voulut examiner à leur tour les peaux de lièvres.
Les bêtes furent ouvertes, déchiquetées, épluchées de toutes les façons,
mais sans qu'on y découvrît rien de suspect. L'homme cependant ne
crut pas devoir renoncer à pousser plus loin ses recherches; car il ne
pouvait s'imaginer que la plaisanterie du duc de Nemours ne cachât
point une intention plus sérieuse. Il fit donc ramener Hugo en sa
présence et voulut continuer ses investigations sur l'enfant lui-même.
Cependant, quoi qu'il fît, il ne trouva aucune trace de ce qu'il cherchait
ni aucun indice qui pût le mettre sur la voie.

— Par les clefs de saint Pierre! murmura-t-il entre ses dents, la
prudence est mère de la sûreté. Un secret qu'on ne peut saisir, il faut
se résoudre à l'étouffer comme une taupe dans son trou.

En même temps, il fit un signe mystérieux à un de ses gens, qui
détacha aussitôt la corde qu'il portait à l'épaule gauche et leva les yeux
vers un des arbres voisins, comme s'il y cherchait quelque chose. Ne
comprenant rien à cette manœuvre, Hugo suivit machinalement la
direction du regard de ce personnage. Mais tout à coup il blêmit et
un cri de terreur s'échappa de ses lèvres.

Ses prunelles s'étaient fixées avec épouvante sur le corps d'un
homme qui paraissait avoir été fraîchement pendu à l'une des grosses
branches de l'arbre. A ce spectacle, aussi affreux qu'inattendu, le
pauvre garçon se prit à trembler de tous ses membres, se laissa tomber
à genoux et se cacha avec effroi le visage dans les deux mains. Lorsque, après quelques secondes, il se hasarda à regarder de nouveau,
il vit le soudard attacher le bout de sa corde à une autre branche du
même arbre, et former, à l'extrémité opposée, un nœud coulant dans

lequel il allait probablement lui-même recevoir la mort, comme suspect de trahison.

Comme par une révélation soudaine, Hugo comprit au pouvoir de quel homme il était tombé, homme plus terrible, plus inexorable qu'un chef de bandits, car il avait bien des fois, pendant les longues heures des veillées hivernales, entendu parler du prévôt général de Louis XI, de ce redoutable Tristan l'Ermite qui, assisté de ses suppôts, connus sous le nom de gendarmes, parcourait le royaume en tout sens et faisait prompte justice des voleurs de grand'route, des bohémiens, des vagabonds, des espions et des ennemis du roi. Les sentences de Tristan, dont le code ne portait qu'une seule peine, la peine de mort, étaient exécutées aussitôt que prononcées. Il ne fallait pour cela qu'un arbre et une de ces cordes que les compagnons du prévôt portaient toujours attachées à leur épaule gauche. Aujourd'hui encore on voit l'uniforme des officiers de certains grades, des hommes de certains corps d'élite, et généralement de la cavalerie, orné d'une ganse d'or, d'argent ou de laine, qui est garnie de bouts métalliques et connues sous le nom d'aiguillettes. Beaucoup d'entre nos jeunes lecteurs ignorent sans doute l'origine de cet ornement militaire, et même ceux-là dont il décore le vêtement ne savent probablement pas qu'il existe une étroite affinité entre ces aiguillettes et les cordes de chanvre dont les aides de Tristan avaient toujours soin de se munir, pour s'en servir au besoin.

On était fondé à croire que Baudouin, fils aîné de la veuve Michelet, était tombé entre les mains du justicier royal, en allant accomplir un message du duc son maître, et qu'il avait subi le même supplice auquel le pauvre Hugo s'attendait maintenant. Du reste, l'infortunée mère avait plus d'une fois manifesté elle-même cette navrante conviction aux deux enfants qui lui restaient, et c'est pour ce motif qu'elle s'était si vivement efforcée d'empêcher qu'à son fils cadet fût imposée la mission dangereuse dont le duc de Nemours l'avait chargé.

Si le cœur d'Hugo avait été rempli, une heure auparavant, d'une joie si pure, si vive, si complète, il était maintenant en proie à une angoisse impossible à exprimer. Le malheureux tremblait des pieds à la tête, rien qu'en songeant à la fin terrible et ignominieuse qui l'attendait. Aussi bien, est-il une situation plus affreuse que de se trouver si près du terme fatal, quand on voit encore tout en beau dans la vie, quand l'avenir nous ouvre toutes ses riantes perspectives, quand on est jeune, quand on est fort et qu'on a mis à peine les lèvres à cette coupe de l'espérance où l'homme boit tant de promesses charmantes?

N'ayant plus la force de se relever, Hugo se tourna du côté du grand prévôt, tendit vers lui ses bras suppliants et s'écria d'une voix lamentable :

— Grâce! mon bon seigneur, grâce! Par la sainte mère de Dieu,

par la passion de notre Sauveur, je vous assure que je ne porte rien
de secret ni de suspect sur moi.

— Cela est possible, répondit Tristan sans s'émouvoir. Mais la
mémoire de l'homme est une logette où l'on peut cacher beaucoup de
choses. C'est pourquoi, mon rusé compère, il est prudent de réduire à
tout jamais ta langue au silence.

— Non, non, je vous le jure! continua l'enfant avec un accent si
désespéré qu'il eût touché le cœur de tout autre que l'implacable justicier du roi. Le duc mon maître ne m'a chargé que de faire ses compli-
ments au duc de Bretagne. Il ne m'a pas dit un mot de plus. Croyez-
moi, messire, croyez-moi, je suis innocent.

— Tant mieux pour toi, répliqua le prévôt toujours impassible.

— Au nom du Ciel, ayez pitié de moi, je suis si jeune encore, reprit
le condamné qui ne pouvait renoncer à l'espoir d'amollir ce cœur
de pierre.

— Tant mieux encore, mon garçon; car il est plus agréable
d'entrer jeune dans le ciel que d'entrer vieux dans l'enfer.

Après avoir dit ces mots en les accompagnant d'un horrible ricanement, Tristan, s'adressant à celui d'entre ses gens qui venait d'attacher
la corde à l'arbre et de faire jouer le nœud coulant pour s'assurer que
tout était en ordre :

— Gautier, lui demanda-t-il, auras-tu bientôt fini ?

— Messire, je suis prêt.

— Alors fais ton devoir.

En ce moment Gautier avança ses deux poignets de fer et saisit
l'enfant pour le trainer au pied de l'arbre auquel pendait la redoutable
corde. Mais Hugo, qui, dans cet instant suprême, avait repris toute
son énergie et dont la force semblait même doublée, opposa une
résistance désespérée aux efforts du soudard. Il remplissait l'air de
ses cris, il se débattait, il se tordait pour échapper aux étreintes des
mains de fer qui l'avaient saisi. Cependant, quoi qu'il fît, chaque
seconde le rapprochait d'un pas de plus de l'arbre fatal. Deux ou trois
secondes encore, et son cou allait se trouver à la portée du nœud coulant. Mais en ce moment l'homme vêtu de noir, qui jusqu'alors était
resté assis immobile à côté du feu, se tourna vers le prévôt général
et lui dit d'une voix rauque et évidemment déguisée :

— Maitre, vous allez un peu trop vite en besogne, me semble-t-il,
vous avez oublié de visiter le couvre-chef que portait ce garçon; si
le messager du duc de Nemours est chargé d'une missive secrète, elle
pourrait fort bien être cachée dans le chapeau.

— Ma foi, vous avez raison, répondit Tristan qui fit aussitôt signe
à Gautier de surseoir pour un moment à l'exécution.

En même temps il prit le chapeau, qui, pendant la lutte de l'enfant
avec son bourreau, était tombé sur le gazon. Il le fouilla et l'examina

en tout sens; mais il n'y découvrit rien d'abord. L'idée lui vint alors
de découdre la bande de cuir qui bordait le tour inférieur du feutre,
et, à sa grande joie, il y trouva une lettre écrite de la main de Jacques
d'Armagnac et destinée à initier le duc de Bretagne à un nouveau
projet de soulèvement contre l'autorité royale.

— Mon cher docteur, je vous rends grâce de votre bon conseil!
s'écria Tristan avec une sorte de jubilation en s'adressant à l'homme
vêtu de noir. Non-seulement vous m'avez fait faire là une précieuse
découverte, mais encore vous m'épargnez la mauvaise chance d'un
remords, si par hasard la crainte me fût venue plus tard d'avoir fait
mourir un innocent.

Puis, apostrophant le condamné avec un sourire de triomphe:

— Eh bien, mon garçon, avons-nous encore dans notre escarcelle
un argument pour prouver que nous sommes innocent?

— J'en atteste Notre-Seigneur qui est mort sur la croix pour nous
sauver tous, je suis innocent, repartit Hugo en sanglotant. Au moment
où j'allais quitter Carlat, le duc m'a arraché de la tête mon chaperon
de cuir et l'a remplacé par ce chapeau sans que j'aie su qu'une lettre
s'y trouvât cachée. Je vous l'affirme, je vous le jure par tout ce qu'il
y a de saint.

A ces protestations le prévôt ne répondit que par un grand éclat
de rire:

— Je te crois parfaitement et de tout cœur, mon beau garçon,
ajouta-t-il. Holà, Gautier! à l'œuvre maintenant, et dépêche-toi de
nous transformer en ange le petit drôle que voilà.

Les cris et la résistance d'Hugo eussent été de nouveau inutiles, si
l'homme au justaucorps de drap noir ne se fût interposé de rechef.

— Maître Tristan, dit-il au grand prévôt, si vous croyez me devoir
quelque reconnaissance pour le conseil que je vous ai donné, faites-moi
le plaisir de suspendre l'exécution de ce garçon jusqu'à l'arrivée du roi,
qui ne peut guère tarder à se trouver ici....

— Y songez-vous sérieusement, docteur? demanda le justicier en
ouvrant de grands yeux étonnés. Croyez-vous donc que le roi s'inquiète
de savoir s'il y a un de ces coquins de plus ou de moins dans le monde?

— Vous avez peut-être raison, répondit l'homme. Cependant, il se
pourrait bien, si mes pressentiments ne me trompent et si l'art de la
divination n'est pas une chimère, il se pourrait bien, vous dis-je, que
ce garçon fût prédestiné à être un jour l'ange gardien du roi.

A ce langage, Tristan sourit d'un air incrédule et secoua la tête.
Cependant il fit à Gautier un signe qui eut de nouveau pour effet de
donner quelque répit à Hugo et de faire cesser la lutte qu'il continuait
à soutenir contre le formidable gendarme. A cause des cris qu'il n'avait
cessé de pousser en se débattant dans l'étreinte du soudard, il n'avait
pas entendu la voix de celui qui venait d'intercéder si généreusement

en sa faveur, de sorte qu'il ne pouvait comprendre le motif du délai qui lui était accordé. Aussi était-il là haletant, la bouche béante, ruisselant de sueur et partageant toute son attention entre Gautier et le redoutable Tristan.

Alors il se passa quelques minutes, pendant lesquelles le grand prévôt et ses compagnons s'entretinrent à voix basse, sans qu'un seul mot de cette mystérieuse conversation parvint aux oreilles du jeune condamné.

Enfin, on entendit dans le lointain un bruit sonore de pas de chevaux qui semblait se rapprocher rapidement de l'endroit où la troupe du justicier royal était campée. A ce bruit tous se hâtèrent de se lever, s'armèrent de leurs arbalètes et se disposèrent militairement en deux rangs. Presque au même instant ils virent déboucher, dans le rond-point où ils se trouvaient, un personnage vêtu avec une simplicité toute bourgeoise et accompagné d'une suite assez nombreuse de seigneurs et d'hommes de guerre, parmi lesquels vous eussiez remarqué plusieurs archers en costume écossais. A l'aspect de ce personnage, les compagnons de Tristan prirent une attitude respectueuse et présentèrent les armes ; car ce personnage n'était autre que le roi, dont la prochaine arrivée leur avait été annoncée.

Louis XI, quoique souverain de ce beau royaume qu'on appelle la France, aimait et semblait même affecter d'exclure de ses manières et de ses vêtements tout faste royal. Ni cordons aux brillantes couleurs, ni colliers d'émaux blasonnés, ni broderies d'or, ni pierres précieuses, ni étoffes choisies n'avaient le privilége de lui plaire. D'ordinaire il était vêtu aussi simplement qu'un humble bourgeois de Paris. Seulement, à son feutre, passablement grossier, était attaché comme une marque de la dévotion particulière qu'il portait à Notre-Dame d'Embrun, un petit médaillon de plomb dont l'empreinte représentait une image de la sainte Vierge.

A vrai dire, il n'est pas le seul prince qui ait mis une certaine affectation à la simplicité extérieure. Pour ne citer que quelques-uns des souverains les plus célèbres dont parle l'histoire moderne, nous mentionnerons encore Frédéric II, roi de Prusse, Charles XII, roi de Suède, et Napoléon Ier, empereur des Français. Cependant le soin qu'ils mirent à négliger le faste du dehors n'est pas chez tous une preuve irrécusable de cette grande vertu qu'on appelle modestie, et même chez quelques-uns il pourrait fort bien n'avoir été qu'un genre particulier d'orgueil ; car souvent le mépris qu'on a l'air de montrer pour soi-même implique le mépris qu'on a réellement pour les autres. Nous n'en voulons pour preuve que l'exemple de Louis XI, un des princes qui montrèrent le plus de dédain pour leurs semblables et attachèrent le moins de prix à une existence humaine.

Aussi ce fut avec une indifférence extrême que le roi leva les yeux vers le pendu dont l'aspect avait inspiré à Hugo une terreur si profonde. Un oiseleur n'eût pas regardé avec moins de répugnance une grive prise dans un lacet. Mais la lecture de la lettre du duc de Nemours fit sur Louis une impression d'une tout autre nature. Il fronça d'abord les sourcils, puis sa bouche se contracta en un sourire malicieux, enfin il mit l'écrit dans son escarcelle avec autant de soin qu'il eût pu faire des diamants les plus précieux.

— Tristan, mon compère, grommela-t-il en faisant allusion à Jacques d'Armagnac, la poire est mûre, je crois. Elle ne tardera pas à tomber, et nous mettrons immédiatement la main dessus. Pour ma part, je n'ai jamais cru à la sincérité ni à la loyauté du duc, et je suis content de ne pas m'être trompé. Seulement, s'il arrive encore des cas semblables à celui qui se présente ici, tu te contenteras de garder l'original de toute lettre du genre de celle que j'ai là dans mon aumônière, d'en rendre au porteur une copie aussi exacte que possible, et de le laisser remplir son message, comme s'il ne s'était rien passé. Cela s'appelle prendre les oiseleurs à leur propre glu. Mais, comme cette fois tu es allé déjà un peu trop loin, fais de ce garçon ce qui est de justice.

— Ah! vous voyez bien, cher docteur, dit le prévôt général d'un ton presque railleur en se tournant vers l'intercesseur d'Hugo. Ce garçon vous saura mauvais gré, sans doute, d'avoir prolongé sa vie d'une couple de quarts d'heure; car, sans vous, il aurait depuis longtemps franchi le grand passage, et à l'heure qu'il est il goûterait les délices du paradis.

Au moment où l'homme que Tristan désignait par le titre de docteur s'était levé pour recevoir le roi, Hugo avait, pour la première fois, pu le regarder en plein visage. Aussitôt il avait fait un bond de joie, et ses traits s'étaient subitement illuminés; car cet homme il avait cru le reconnaître. Heureusement toute la troupe, distraite par l'arrivée du prince, avait tenu, en cet instant, la pensée et les yeux tournés du côté par où il devait venir, sans quoi le mouvement que le condamné venait de faire eût peut-être été remarqué par l'un ou l'autre de ceux qui étaient là.

Le jeune prisonnier ne s'était pas trompé. C'étaient bien les traits de son oncle Jacques Coitier qu'il avait reconnus dans la figure du personnage vêtu de noir, bien que celui-ci montrât une dignité de maintien inaccoutumée et portât un costume qui contrastait singulièrement par sa richesse avec la simplicité de celui que l'enfant avait vu à son parent, ce jour-là même, dans la maison paternelle. Il n'avait pu d'abord en croire ses yeux. Mais ses derniers doutes se dissipèrent lorsqu'il entendit le docteur adresser la parole au roi; car il ne pouvait se méprendre sur l'inflexion d'une voix qui, depuis longtemps, lui était familière.

Il y a des hommes à qui l'imminence d'un grand danger fait perdre la tête et le courage. D'autres, au contraire, y puisent une force et une énergie surnaturelles; Hugo était de ces derniers. Il se rappela immédiatement que son oncle lui avait recommandé d'avoir, en toute circonstance, l'air de lui être complétement étranger. Cette injonction, il la suivit à la lettre, et son visage revêtit une expression de calme et d'impassibilité si adroitement simulée qu'on l'eût dit coulé en bronze.

Jacques Coitier passait pour un des médecins les plus habiles de son époque, et la réputation dont il jouissait en France lui avait fait obtenir le titre de *mire*[1] du roi. Il était l'objet d'une faveur presque illimitée, et cette faveur, il la devait non-seulement à son expérience scientifique, mais encore aux connaissances astrologiques qu'on lui attribuait; car il joignait à l'art de guérir certaines pratiques superstitieuses, qui étaient populaires au XVe siècle et dans l'efficacité desquelles Louis XI surtout avait une confiance sans bornes.

Après la railleuse interpellation du prévôt, il s'adressa donc au roi.

— Sire, lui dit-il, veuillez me permettre de vous raconter un rêve assez bizarre que j'ai eu la nuit dernière et qui se rattache étroitement à la destinée de Votre Majesté. Le soir, avant de me coucher, j'avais interrogé les étoiles et voulu tirer votre horoscope, mais sans obtenir un résultat aussi complet que je le désirais. Plus tard, durant mon premier sommeil, qui est celui des meilleures visions, j'eus le rêve dont je veux parler. Je vis devant moi un jeune garçon, exactement semblable à celui que voilà. Il portait à la naissance du cou une marque naturelle qui se composait de deux lentilles brunes, l'une petite, l'autre plus grande. Cet enfant est destiné, par le ciel qui veille si manifestement sur les jours précieux de Votre Majesté, à la sauver prochainement d'un grand péril dont elle est menacée. Or donc, sire, faites examiner si ce garçon là est bien réellement celui que j'ai vu dans mon rêve, ou s'il ne l'est pas. Dans ce dernier cas, le grand prévôt fera du condamné ce que Votre Majesté lui a ordonné de faire.

Coitier connaissait trop bien son royal maître, pour ne pas savoir que Louis XI était non-seulement astucieux, faux, déloyal, cruel et égoïste, mais encore extrêmement enclin à la superstition. Aussi s'empressa-t-il de tirer parti de cette faiblesse du roi pour sauver son neveu au moyen de la fable brodée par lui à propos des lentilles qu'il avait remarquées par hasard au moment où la mère d'Hugo attachait pieusement la petite croix d'argent au cou de son fils. Sa ruse innocente réussit au delà de toute espérance.

En effet, sur un signe du roi, Tristan mit à nu le cou de l'enfant, et toute l'assistance poussa un cri d'étonnement en remarquant les deux lentilles brunes que Coitier avait signalées.

— Pâques-Dieu! exclama Louis transporté de joie; car il ne pouvait

______

(1) Ancien mot qui présentait exactement la même signification que le mot actuel Médecin.

plus douter de la vérité de ce que son médecin lui avait dit. Le Ciel se manifeste ici pour le salut de notre royale personne.

Puis, s'adressant à Tristan :

— Compère, ajouta-t-il, quel irréparable malheur si tu avais eu cette fois la main aussi prompte qu'à l'ordinaire, et que ce brave Coitier ne t'eût retenu de suspendre notre ange gardien entre le ciel et la terre ! Tiens, je frémis rien que d'y penser.

Le grand prévôt devint tout pâle en entendant ces paroles, et à peine s'il put respirer. Mais il ne tarda pas à se rassurer quand il vit le roi se tourner vers Hugo en lui disant :

— Ah ! çà, mon garçon, approche-toi, afin que nous te regardions et que nous puissions te reconnaître quand le moment sera venu pour toi de nous tirer du péril dont nous sommes menacé.

A cette invitation, l'enfant s'avança respectueusement jusqu'auprès du cheval du roi, qui le regarda, pendant quelques secondes, dans le blanc des yeux et reprit presque aussitôt :

— Pâques-Dieu ! voilà un gaillard bien découplé et qui promet de faire merveilles, surtout si mon brave Coitier se charge de le diriger. Car je veux, continua-t-il en s'adressant au mire, que tu le prennes à ton service, qui est le mien, et que tu l'attaches à ta personne, afin que le pronostic s'accomplisse d'autant plus sûrement.

Mais il n'entrait pas dans le plan de Coitier d'encourager le roi à une semblable mesure. Aussi s'empressa-t-il de répondre :

— Sire, gardez-vous de m'ordonner pareille chose. Laissez aller ce garçon où il veut, afin que plus tard vous soyez d'autant mieux convaincu qu'il lui est impossible d'échapper à sa haute destinée, lorsque le temps marqué dans les astres sera venu. Du reste, si les puissances célestes avaient voulu qu'il restât auprès de la personne sacrée de Votre Majesté, elles n'auraient certainement pas manqué de me le faire connaître, et elles ne l'ont pas fait.

— Bon, repartit le roi ; tu dois connaître ces choses mieux que nous. Qu'on laisse donc aller ce garçon où il lui plaira. Qu'il aille trouver le duc de Bretagne ou qu'il reprenne le chemin de Carlat, peu m'importe, pourvu que notre compère Tristan ne se trompe plus en mettant la main sur une tête qui doit nous être bien chère désormais.

A ces mots, le roi lâcha la bride à son cheval en piquant des deux et disparut avec son escorte dans la profondeur de la forêt.

Tristan, Coitier et les hommes du prévôt général, qui s'étaient également mis en selle, suivirent leur maître, et laissèrent là Hugo Michelet sans plus s'inquiéter de lui.

III. — LA SURPRISE.

Avons-nous besoin de dire quelle horrible angoisse, quelles transes affreuses le pauvre enfant avait éprouvées pendant l'heure si mortellement longue qu'il avait passée entre les mains de Tristan et de Gautier? Une fois délivré de ses bourreaux, il ne put s'imaginer que tout ce qui s'était passé fût une réalité. Il crut avoir fait un mauvais rêve. Mais les peaux de lièvres lacérées, son chapeau mis en pièces, tous ces lambeaux informes qui jonchaient le sol, ce brasier fumant encore, ces traces d'hommes et de chevaux qui étaient restées marquées sur le gazon et sur le sable, et mieux encore ce hideux cadavre de pendu accroché à l'arbre où notre jeune ami avait été sur le point d'aller lui tenir compagnie, prouvaient manifestement qu'il n'avait pas été le jouet d'un rêve ni d'une hallucination.

Bien qu'il eût le cou entièrement nu, il lui sembla, — bizarre effet d'une imagination surexcitée, — y sentir la pression d'une corde de chanvre, et il se mit à aspirer l'air à pleins poumons. La nature qui se déployait autour de lui, et qu'il avait trouvée si belle et si riante quelques heures auparavant, lui paraissait maintenant dépouillée de tout son charme et de toute sa magnificence. Les rayons du soleil avaient cessé d'être, à ses yeux, des gerbes lumineuses d'or fondu, et l'azur du ciel avait pris l'apparence d'un linceul livide. Le joyeux frémissement du feuillage s'était transformé en une plainte lugubre, et le rhythme mélodieux des bouvreuils en un hymne de funérailles. Les trilles sonores des pinsons avaient pris un accent sinistre, et même le chant vibrant des grillons jetait des notes funèbres aux oreilles de l'enfant consterné.

A ses pieds gisaient les auteurs innocents de son malheur, les peaux de lièvres, déchirées, découpées, épluchées, entièrement méconnaissables. Sans elles, il fût resté heureux et tranquille dans la calme habitation de sa mère, tandis que maintenant à quel parti se résoudre? Fallait-il retourner à Carlat et s'exposer à la colère d'un maître qui avait si impitoyablement mis en jeu l'existence d'un enfant et qui ne se ferait pas scrupule de lui imputer à faute l'insuccès du voyage qu'il lui avait fait entreprendre? Ou devait-il continuer sa route et aller trouver le duc de Bretagne, qui, sans doute, pour pièces de largesse, lui eût donné tout autre chose que des écus sonnants, en apprenant la perte de la missive que le duc de Nemours lui avait adressée? Ces questions et d'autres, qui se présentèrent tumultueusement et pêle-mêle à l'esprit d'Hugo, le jetèrent dans une indicible perplexité.

Mais, avant qu'il eût pu s'arrêter à une détermination, une pensée religieuse, la première qui aurait dû lui venir, jaillit tout à coup au fond de son cœur. Il songea à quel faible fil sa vie avait tenu, et se demanda s'il n'avait pas fallu une disposition toute providentielle pour le tirer du péril où il était tombé. En effet, quel moyen de salut Coitier aurait-il pu imaginer pour son neveu, s'il n'avait remarqué les deux lentilles brunes? Et la mère les aurait-elles démasquées, si elle n'avait eu la bonne et pieuse inspiration d'attacher au cou de son fils la petite croix d'argent, pour mettre son enfant sous la puissante protection du symbole divin? En réfléchissant à cet étrange enchaînement de circonstances, Hugo sentit ses yeux se mouiller de larmes de reconnaissance envers Dieu. Comme il rendit grâce à sa mère si bonne et si prévoyante! Avec quelle effusion il serra sur ses lèvres la petite croix à laquelle il devait si manifestement sa conservation!

Ensuite il se mit à examiner sérieusement quel parti lui restait à prendre dans les conjonctures où il se trouvait. Mais ce ne fut que pour retomber dans sa première perplexité. Aussi ne put-il s'empêcher de s'écrier en poussant un profond soupir:

— Ah! ma mère! Ah! ma sœur Toinette! Si vous n'étiez pas restées toutes deux là-bas, avec quelle joie je dirais à tout jamais adieu à Carlat pour aller chercher fortune ailleurs!

Après avoir de nouveau tourné, pendant quelque temps, dans le cercle d'incertitude où il était enfermé, il en vint enfin à peser une à une toutes les chances qu'il pouvait avoir de se tirer d'embarras.

Si l'oncle Jacques lui avait seulement indiqué par un simple mot ou par un simple signe de quel côté il devait tourner ses pas, Hugo n'eût pas hésité une seconde. Mais Coitier ne lui avait pas dit ce mot ni donné ce signe. Force fut donc au pauvre garçon de raisonner mûrement la situation. Suivre le chemin que le roi et Tristan avaient pris, il ne le pouvait ni ne l'osait, tant était profonde la terreur que l'horrible prévôt et ses acolytes lui avaient inspirée. Il ne pouvait songer davantage à retourner à Carlat. Il éprouvait moins encore le désir de se diriger vers la Bretagne. Après avoir longuement réfléchi, il résolut enfin de ne prendre aucune de ces trois directions, mais de s'engager au hasard dans une quatrième route qui se présentait devant lui et qui, diamétralement opposée à celle du milieu, formait un angle parfaitement droit avec les deux autres. Comme il était muni de pain et de lard pour cinq jours, il n'avait pas à craindre la faim pendant cinq fois vingt-quatre heures, et même au delà, pour peu qu'il ménageât ses provisions. D'ici là il devait nécessairement arriver quelque part, et Dieu pourvoirait au reste.

Cette détermination adoptée, Hugo se sentit plus léger et plus dispos. Il aurait même retrouvé toute la gaîté naturelle à son âge, si le souvenir de sa mère et de sa sœur n'eût assombri quelque peu le ton azuré que ses pensées avaient repris. Car il se représentait d'avance

l'inquiétude et le désespoir auxquels ces deux êtres bien-aimés seraient
en proie en ne le voyant pas rentrer au jour fixé ou en ne le voyant
peut-être pas revenir du tout. S'il avait, du moins, pu faire parvenir
à sa mère quelque message pour la rassurer sur le sort de son fils !
Cela n'eût guère été difficile par le moyen de l'oncle Jacques. Mais
Coitier y avait-il seulement songé? Y songerait-il? Hugo était presque à en douter ; car n'avait-il pas vu avec quelle froide indifférence
le mire l'avait abandonné à sa destinée ?

L'horrible image du pendu flottait toujours devant les yeux de
l'enfant. Aussi eut-il hâte de s'y soustraire et s'engagea-t-il résolument dans la route qu'il avait choisie.

Après avoir cheminé pendant quelque temps, il atteignit la lisière
de la forêt et déboucha dans une plaine, damier immense de champs
verdoyants, au milieu desquels s'élevait çà et là quelque bouquet de
verdure. De distance en distance, on voyait s'aiguiser le toit d'une
maison rustique ou se grouper quelques modestes fermes autour d'une
chapelle reconnaissable à la petite croix de fer dont elle était surmon-
tée. A l'aspect de cette plaine si belle, si riche et si calme, où le soleil
répandait à profusion ses rayons les plus splendides, où quelque
troupeau çà et là broutait paisiblement l'herbe grasse des prairies, et
au-dessus de laquelle planait une alouette qui jetait aux brises sa
joyeuse chanson, — l'esprit du jeune voyageur se rasséréna complétement, et l'image elle-même de sa mère et celle de sa sœur lui
apparurent moins tristes.

La journée tirait déjà presque à son déclin, lorsqu'il entra dans un
village qu'il avait aperçu de loin et vers lequel il avait dirigé ses pas
aussi directement que le lui avaient permis les zigzags des sentiers
qui circulaient entre les champs. L'unique hôtellerie qui s'y trouvait
lui parut extraordinairement animée. Devant la porte étaient disposées
plusieurs charrettes chargées de vin, de fruits secs et d'autres objets.
Tandis que les chevaux, dételés et rangés en groupes autour de trois
ou quatre mangeoires, absorbaient leur abondante provende, les charretiers, attablés, à l'ombre d'un tilleul, devant un énorme broc de vin,
devisaient gaîment ensemble, et leurs joyeux propos alternaient
fréquemment avec de grands éclats de rire.

Après la marche laborieuse qu'il venait de faire, Hugo Michelet
sentit à ses jambes qu'il était temps de songer à prendre un peu de
repos, et à son estomac, de procéder à une réfection dont il éprouvait
le besoin autant qu'un cerf altéré celui de trouver une gorgée d'eau. Il
s'arrêta donc près de l'hôtellerie, s'assit sur un tonneau vide, et tira de
sa carnassière ses modestes provisions. Il eût volontiers acheté un
verre de vin pour étancher la soif qui le tourmentait ; mais il se dit
avec raison que, dans la position où il était, il pouvait aisément se
dispenser de ce luxe. Aussi bien, il n'avait pas un denier dans sa poche.

Il se dirigea donc vers une fontaine voisine, y puisa de l'eau dans le creux de sa main et se désaltéra à suffisance.

En ce moment, il entendit s'écrier un des buveurs, homme passablement petit de taille, mais fort replet, dont les joues rebondies rougeoyaient et dont les yeux noirs étincelaient, sans doute par l'effet des nombreuses rasades qu'il avait bues :

— Holà ! beau garçon ! Tu ne sais donc pas que le lard demande à être arrosé de vin et non d'eau? Approche, mon ami; voici un verre pour toi, et fais-moi raison. A la santé de messire Tristan ! Que le bon Dieu daigne le conserver longtemps pour le bonheur de la France !

Ces paroles tombèrent sur le cœur de l'enfant comme un flot de vitriol sur une faible plante. Hugo pâlit, en ouvrant des yeux où se peignait la consternation, et resta immobile comme une statue de marbre. En voyant l'expression de terreur que le visage du jeune voyageur avait si brusquement revêtue, tous les buveurs le regardèrent avec un grand étonnement et firent trêve à leurs joyeux propos, à leurs badinages et à leurs éclats de rire.

— Eh bien ! Qu'est-ce que cela signifie ? demanda vivement le petit homme qui venait de l'apostropher et dans lequel il était aisé de reconnaître un citadin d'après le costume bourgeois qu'il portait. Ai-je dit, par hasard, quelque chose qui te déplaise, mon garçon? Tudieu! tu ne sais donc pas que c'est le brave messire Tristan qui purge les routes des vagabonds, des voleurs et des meurtriers, comme la cigogne purge des vers malfaisants les champs et les prairies? Si nous ne pouvions compter sur l'assistance de messire le prévôt général, que Dieu bénisse, aurais-je osé m'aventurer en pleine campagne avec mes marchandises, sans craindre d'être molesté et dévalisé jusqu'à la peau? Ah! il n'y a pas longtemps de cela, le marchand ne pouvait se mettre en route sans payer de son bel argent une escorte armée. Encore n'était-il pas toujours sûr de rentrer sain et sauf dans sa maison. Donc, mon garçon, je te le répète, bois avec moi à la santé de messire le justicier royal.

— Brave homme, je ne suis ni un voleur ni un être dangereux, répondit franchement Hugo, et cependant il ne s'en est pas fallu de l'épaisseur d'un cheveu que je ne fusse pendu ce matin, sur l'ordre de messire Tristan lui-même.

— Bah ! ce fut sans doute par suite d'un malentendu, répliqua le marchand pour essayer de disculper son héros, à moins que messire le grand prévôt n'ait précisément pas eu d'autre gibier sous la main. La cigogne n'avale-t-elle pas quelquefois un insecte inoffensif? Parbleu! il faut bien s'entretenir la main.

Cet argument, si péremptoire qu'il parût à celui qui venait de le produire, ne put cependant décider l'enfant à boire à la santé de Tristan, et ce refus eût peut-être donné lieu à un débat désagréable entre le marchand et le jeune voyageur, si, en ce moment même, un événement tout à fait inattendu n'était venu couper court à cette discussion. En effet, une troupe de cavaliers envahit brusquement le village et s'avança vers l'hôtellerie, en distribuant force coups de plat d'épée aux hommes et aux chevaux groupés devant la porte, et en s'écriant :

— Place! Place à monseigneur le duc de Bretagne! Place!

Les charretiers et leurs aides commencèrent immédiatement à déplacer leurs véhicules et leurs chevaux, et à dégager l'espace qui s'étendait devant l'hôtellerie, en y mettant un empressement proportionné au désir qu'ils avaient d'échapper le plus tôt possible aux coups qui pleuvaient sur eux et qu'ils recevaient avec une résignation extrême et sans faire mine d'opposer la moindre résistance aux soudards bretons.

Mais ils avaient à peine fini de se ranger, qu'une autre troupe de cavaliers, moins nombreuse que la première, apparut sur une petite éminence située à l'extrémité opposée du village, et fit craindre que le désordre et la confusion ne devinssent plus grands encore. Cependant cette crainte ne se réalisa point. Au contraire, les clameurs menaçantes des hommes de la suite du duc cessèrent comme par enchantement. Vous les eussiez même vus remettre pacifiquement leurs épées au fourreau. De sorte que les charretiers purent, sans être molestés davantage, achever d'atteler leurs chevaux.

La simple apparition de Tristan et de ses suppôts avait suffi pour opérer ce prodige.

Le duc de Bretagne, qui était descendu des étriers et avait commencé par ordonner qu'une collation lui fût servie en plein air à l'ombre du tilleul, se ravisa tout à coup lorsqu'il eut reconnu les gendarmes du prévôt royal dans les cavaliers qui venaient de se montrer sur la petite éminence. En lançant à Tristan un regard oblique, mais où se reflétait une rage mal déguisée, il se retira brusquement dans l'intérieur de l'hôtellerie, comme s'il n'eût pu supporter davantage l'aspect du redoutable justicier du roi.

Le marchand, qui n'était autre que maître Benoît Vermeil, un des épiciers les mieux famés qu'il y eût dans le quartier des Halles à Paris, avait observé cette scène muette non sans manifester une satisfaction extrême. Vous l'eussiez vu se frotter discrètement les mains et entendu murmurer entre ses dents :

— Voilà qui est à merveille! Messieurs les ducs et les grands seigneurs eux-mêmes en viennent donc à céder courtoisement le pavé à messire Tristan? Ma foi, c'est qu'ils commencent à le craindre autant que l'eau a peur du feu et le renard du sanglier qui lui montre ses crocs et son boutoir.

Puis, élevant la voix :

— Holà! François, Jacques, Antoine, Pierrot, prenez-en à votre aise, continua-t-il. Ne vous dépêchez pas ainsi d'atteler, rien ne vous presse. Personne ne s'avisera plus de vous bleuir les épaules et les reins à force de coups; car voyez, mes enfants, messire Tristan est là.

Se tournant ensuite vers Hugo :

— Ah çà ! mon garçon, lui dit-il, vas-tu refuser encore de boire à la santé de messire le grand prévôt, à présent que tu as vu quel respect les ducs eux-mêmes et leurs grossiers soudards lui portent ? Bois un coup, te dis-je ; car tu dois avoir soif après avoir si vaillamment aidé mes hommes à atteler leurs bêtes. Par les clefs de saint Pierre, tu t'entends à merveille à manier des chevaux. Ce n'est pas la première fois, sans doute, que tu y mets la main ?

— Ah! monsieur, interrompit brusquement l'enfant, permettez-moi de vous demander d'abord si vous croyez que le duc de Bretagne est un homme assez affable pour qu'on puisse se hasarder à lui adresser la parole? Je suis précisément chargé d'un message pour lui, bien qu'on m'ait enlevé la missive et d'autres objets que je devais lui remettre.

— S'il est affable? ma foi, pas trop, mon enfant, repartit maitre Vermeil. C'est, au contraire, un seigneur hautain, brusque, bouillant comme un volcan, magnifique à voir de loin, mais dangereux et terrible quand on l'approche. Si par hasard ton message ne lui était pas agréable, ou que tu abordasses le duc dans un moment où il se trouvât mal disposé, tu courrais grand risque de recevoir, en guise de largesse, une superbe volée de coups sur les épaules, heureux encore d'échapper à si bon marché. Retiens bien ceci, mon garçon : il est dangereux de manger des cerises avec les grands seigneurs; ils vous envoient toujours les noyaux à la figure. Aussi, j'ai hâte de déguerpir, bien que je n'aie plus rien à craindre des gens du duc, grâce à la présence de messire Tristan, que le bon Dieu garde.

Ayant dit ces mots, il s'adressa de nouveau aux charretiers :

— Compagnons, si vous êtes prêts, nous partirons.

Les trois charrettes se mirent en mouvement sur l'ordre de maître Vermeil, qui frappa familièrement sur l'épaule gauche d'Hugo en disant :

— Allons, mon garçon, tu vas vider, j'espère, le fond du broc que voilà; car il faut qu'on fasse honneur à messire le prévôt général.

Après quoi il partit et rejoignit ses véhicules.

Tandis que le marchand et les trois charrettes s'éloignaient, l'enfant prit en silence le broc que maître Vermeil avait laissé sous le tilleul et étancha sa soif en absorbant quelques bonnes gorgées de vin. Puis il se mit à observer tranquillement ce qui se passait autour de lui.

Depuis l'arrivée de Tristan, les cavaliers du duc de Bretagne avaient singulièrement baissé le ton. A peine s'ils se hasardaient encore à échanger quelques paroles à demi voix. Le seul qui fit exception était le fou de cour du duc. Il avait gardé sa loquacité accoutumée ; et, grâce au privilége inhérent à sa fonction, il n'avait rien perdu de sa gaieté ni de son insolence habituelles.

— Hé ! messire Tristan, s'écria-t-il en agitant sa marotte et son bonnet orné de grelots d'argent doré, savez-vous qu'on se plaint amèrement de vous en France ? On vous accuse de faire renchérir le chanvre outre mesure ; et l'on ajoute que vous engraissez les poissons, mais que l'on ne peut en manger sans être sûr de contracter de bonnes coliques. Pourquoi donc vous bornez-vous à pratiquer cette horrible chasse que vous faites aux hommes ? N'auriez-vous pas plutôt goût à quelque bonne pièce de noble venaison ? Ou les raisins ne vous semblent-ils pas mûrs parce que votre main ne peut y atteindre ? Non-seulement on est fondé à croire, mais on peut être assuré qu'après votre mort vous serez honoré comme un saint par tous les voleurs de grand chemin qui sont dans le royaume.

A cette bordée de boutades le grand prévôt répondit par un dédaigneux silence, qui était certainement le meilleur et le plus sûr moyen de faire taire une langue de fou.

Du reste, il avait eu le temps de laisser souffler ses chevaux et de donner quelque repos à ses hommes. Il fit donc sonner le boute-selle, remonta sur les étriers et prit avec ses compagnons le chemin par où le duc de Bretagne était venu et qui conduisait à Paris, ainsi qu'Hugo l'apprit plus tard.

Après le départ du marchand et du justicier royal, le jeune voyageur, resté seul dans le voisinage de l'hôtellerie, commença à éprouver une grande peur de Pierre de Bretagne et de ses gens. Il ne put se défendre de l'idée que sa figure devait infailliblement le trahir et que le duc pourrait fort bien lui demander compte du message qui ne lui était point parvenu. Aussi se hâta-t-il de vider le fond du broc et de se remettre en route dans la même direction que le prévôt général et maître Vermeil avaient prise. S'il fit, cette fois, un effort pour surmonter la terreur que Tristan lui inspirait, ce fut parce qu'il espérait que son oncle Coitier se trouverait dans le voisinage, et qu'il pourrait, au besoin, invoquer l'aide et les conseils du mire.

A peine eut-il fait quelques centaines de pas, qu'il aperçut à une certaine distance le justicier royal et ses suppôts, arrêtés au sommet d'une colline, qui s'élevait en avant d'une forêt et d'où l'on pouvait observer le village et la suite du duc. A la vue de ces hommes sinistres, il aurait peut-être rebroussé chemin, s'il n'avait puisé un supplément considérable de courage dans le broc que le marchand lui avait recommandé, et surtout s'il n'avait réfléchi qu'il était devenu, pour le prévôt et pour ses compagnons, un personnage inviolable en sa qualité d'ange gardien du roi. Il continua donc à marcher résolument du côté où ils se trouvaient en observation.

Il aurait fallu à Tristan un coup d'œil peu sûr et une mémoire bien
courte, pour ne pas reconnaître dans le jeune voyageur l'ex-messager
du duc de Nemours. Cependant il le laissa passer sans l'arrêter et sans
lui adresser même la moindre parole.

— Ma foi, murmura-t-il entre ses dents lorsqu'il vit passer à côté de
lui le piéton imberbe, voilà un petit frelon qui ne piquera plus. Nous
lui avons arraché le dard, et nous n'avons plus à nous inquiéter de lui.

Pour rendre hommage à la vérité, nous devons dire que, pendant
ce temps, Hugo n'avait pas été sans éprouver une certaine inquiétude,
malgré le courage dont il était armé, et qu'il sentit son cœur battre
avec une violence extrême jusqu'au moment où il eut dépassé le groupe
des cavaliers et laissé derrière lui l'implacable justicier. Alors seulement il respira à pleine poitrine et ralentit le pas.

Il continuait à cheminer tranquillement, et déjà il s'était engagé dans
la forêt, lorsque, parvenu à un coude que la route faisait à travers
cette vaste solitude de verdure, il entendit un lamentable cri de détresse.
En même temps il aperçut l'homme qui venait de pousser ce cri : c'était
le même personnage qui, peu de moments auparavant, s'était constitué
le panégyriste de Tristan et qui maintenant s'arrachait de désespoir la
barbe et les cheveux.

— Au secours ! Au secours ! se mit à crier maître Vermeil aussitôt
qu'il aperçut Hugo. Je suis tombé dans une embuscade. On m'a volé,
pillé, on m'a enlevé ma sacoche et mes marchandises. Voilà mes braves
serviteurs tous blessés à mort et mes charrettes enlevées ! Je suis un
homme ruiné, détruit, anéanti à tout jamais. Les brigands endiablés !
En vain je les ai menacés de la présence de messire Tristan. Ils ne
m'ont pas cru, les voleurs ! Ils se sont moqués de moi, les bandits ! Ah !
messire le grand prévôt, que n'étiez-vous assez proche pour entendre
ma voix et faire à ces coquins le parti qu'ils méritent ! Mais, mon Dieu !
à quoi me résoudre maintenant ? Avant que je n'aie atteint le village,
ces démons auront, depuis longtemps, disparu et mis leur butin en lieu
sûr. Oh ! quel malheur ! quel désastre !

— Vous êtes dans l'erreur, beau sire, repartit vivement le jeune
homme. A peine si le prévôt est à mille pas d'ici. Je l'ai vu là-bas sur
la lisière de la forêt. Il a quitté le village peu de minutes après vous,
et il s'est arrêté à quelque distance, sans doute pour observer les gens
du duc de Bretagne.

A ces paroles le marchand sembla revivre.

— Dieu et tous les saints soient bénis ! s'écria-t-il. Ta voix est pour
moi celle d'un bon ange. O mon brave, mon jeune ami, aie pitié de moi.
Tu as la jambe alerte. Cours, vole, et dis-lui que je le conjure de venir
à mon aide et de se mettre à la poursuite de ces maudits voleurs.
Dis-lui qu'ils sont au nombre de six seulement et que je gagerais ma
tête qu'ils appartiennent au duc de Bretagne. Cours, vole, mon ange

aimé, et je te récompenserai dignement, si tu m'aides à récupérer mon bien perdu. Tu vois suffisamment toi-même que je suis tout essoufflé et que mes jambes ne sont plus capables de me porter.

Notre ami Hugo avait des jarrets d'acier, et il eût pu défier le coureur le plus agile. Comme il avait vidé un peu trop rapidement peut-être le fond du broc, il avait plus que des jambes, presque des ailes. Il prit donc son élan et partit au grand galop, s'il nous est permis d'appliquer à l'allure d'un être humain un terme qu'on n'applique communément qu'à celle d'un cheval.

Pendant que l'enfant se dirigeait avec la rapidité d'une flèche vers la colline où Tristan et ses gendarmes se trouvaient arrêtés, le marchand avait repris ses lamentations et faisait retentir de ses plaintes tous les échos de la forêt. Mais, après quelques minutes, il fut agréablement surpris par un rapide galop de chevaux et par l'apparition du justicier et de ses hommes. Sur quelques brèves indications du bourgeois, les cavaliers s'élancèrent sur la trace des voleurs, qui n'était guère difficile à suivre, grâce aux marques que les roues des charrettes et les pieds des chevaux avaient laissées dans le sol.

Peu de moments après que Tristan et ses compagnons eurent disparu dans l'épaisseur de la forêt, maitre Vermeil et Hugo, qui avait eu le temps de le rejoindre, entendirent un bruyant cliquetis d'armes à quelque distance de l'endroit où ils étaient. C'était évidemment une preuve que les hommes du prévôt en étaient venus aux mains avec les brigands. Le marchand ne doutait pas que ceux-ci n'eussent le dessous. Plein de cette persuasion, il se mit à sauter de joie et à s'écrier en s'adressant à ses charretiers qui gisaient au bord de la route, et dont deux étaient grièvement blessés :

— Vengeance! Vengeance! Avez-vous entendu, mes amis? Courage maintenant, le noble Tristan nous venge tous. Vive messire le prévôt! Et mort aux bandits, quand même le duc de Bretagne serait des leurs!

Le brave homme continuait à se livrer, avec une verve incroyable, à ses manifestations de joie, quand soudain il vit déboucher, d'une route latérale de la forêt, ses trois charrettes, dont la charge s'était augmentée de deux cadavres de brigands et de quatre prisonniers solidement garrottés. malgré les graves blessures dont ils étaient atteints.

Aux mille témoignages de reconnaissance, dont le marchand, dans son allégresse, accabla Tristan, celui-ci ne répondit qu'en faisant immédiatement panser par un de ses hommes les charretiers blessés, et en donnant l'ordre à tout le monde de rebrousser chemin vers le village où le duc de Bretagne devait se trouver encore. Cet ordre fut exécuté aussitôt que les voyageurs blessés eurent reçu leur premier pansement; et, comme personne n'en était excepté, Hugo fut naturellement de la partie.

Il fallait voir quelle expression de joie illumina tout à coup les traits de bronze du grand prévôt, au moment où il arriva en vue de l'hôtellerie et qu'il trouva les gens du duc attablés sous le tilleul et livrés à leur joie bruyante. L'effet qu'il produisit sur eux fut d'une tout autre nature. Aussitôt qu'ils le virent apparaître, il se fit parmi eux un morne silence. On eût dit qu'un spectre se fût montré à leurs regards consternés. Le retour inattendu de la troupe du justicier excita aussi une émotion générale dans le village, dont tous les habitants se trouvèrent bientôt rassemblés, curieux de voir ce qui allait se passer. Pierre de Bretagne lui-même, malgré l'aversion que lui inspirait la présence de Tristan et de ses compagnons, ne put s'empêcher de céder à l'entraînement général, et il se porta sur le seuil de l'hôtellerie, à quelque distance de laquelle le prévôt avait fait halte avec les siens.

À l'aspect du duc et des cavaliers de sa suite, les quatre bandits blessés se soulevèrent à demi sur la charrette où ils étaient couchés et se mirent à crier d'une voix lamentable :

— Pitié de nous, gracieux seigneur ! Pitié de nous, car nous sommes des vôtres !

— Eh bien ! qu'est-ce qu'il y a donc ? s'écria en ce moment le duc tout pâle de colère, en faisant quelques pas vers le prévôt général. Qu'entendez-vous faire de ces gens ? Car ils sont des miens comme je vois ; et, s'ils sont coupables de quelque méfait, j'ai seul le droit de prononcer sur leur sort.

— Beau sire, répondit Tristan d'un ton presque railleur, si ces gens sont des vôtres, je le regrette beaucoup ; car ils se sont rendus coupables de meurtre et de vol à main armée sur le domaine du roi, et je les ai surpris en flagrant délit.

— En ce cas, reprit le duc en fronçant les sourcils, vous allez me livrer ces misérables, afin que je les fasse juger et punir selon nos lois ; car ils sont Bretons, et comme tels ils appartiennent à ma juridiction.

— Monseigneur, je suis fâché de ne pouvoir accéder à votre prière, repartit le prévôt d'un air digne et ferme à la fois. Tout crime commis sur les terres du roi, est du ressort de la justice royale. Quant aux dommages-intérêts auxquels l'honnête marchand que voici et ses braves gens ont droit pour blessures, perte de biens et retard dans leur voyage, nous les fixerons plus tard, et votre seigneurie aura la bonté d'en exiger le montant de la famille des coupables et de le verser au trésor du roi. Cela dit, permettez-moi, beau sire, de procéder à l'accomplissement de mon devoir de juge.

Sans écouter davantage les observations de son interlocuteur, Tristan promena un regard triomphant sur la foule des villageois qui l'entouraient.

— Holà ! paysans, mes amis, s'écria-t-il en montrant du bout de son épée une vaste mare dont l'eau étincelait à quelque distance parmi les herbes, vous avez là un étang magnifique. Est-il assez profond pour qu'on y puisse faire un lit convenable aux quatre drôles qui sont sur la charrette que voici? Est-il poissonneux par-dessus le marché, et renferme-t-il quelques bons brochets, par exemple?

En disant ces derniers mots, sur lesquels il appuya d'une manière toute particulière, il lança un regard oblique au fou du duc, qui, cette fois, ne songea à rien moins qu'à recommencer ses plaisanteries.

— Messire, l'étang est profond à suffisance et fort poissonneux, répondit avec une visible émotion un des membres de l'assistance auquel Tristan semblait s'être plus particulièrement adressé.

— Bien, mon ami, merci, répliqua le prévôt.

Se dressant ensuite sur ses étriers pour dominer la foule et élevant la voix pour que tout le monde pût l'entendre :

— Vous tous qui êtes ici présents, continua-t-il, écoutez au nom du roi! Considérant que les six Bretons que voilà ont perpétré à main armée et sur la voie publique le crime capital de vol et de meurtre; considérant qu'en outre ils se sont rendus coupables de rébellion contre le prévôt général de Sa Majesté et contre ses suppôts, je condamne, en vertu du pouvoir qui m'est conféré, les quatre criminels encore vivants à la peine du sac et de la noyade, et les deux morts à être pendus à un arbre, pour y rester trois jours afin de servir d'exemple, et pour être enterrés ensuite au bord de la grand'route. Ainsi jugé au nom de la loi et du roi notre maître que Dieu bénisse.

Après avoir prononcé cette sentence terrible, il se tourna vers ses hommes et leur dit avec un sang-froid qui fit naître l'épouvante dans la multitude :

— Et maintenant faites votre devoir.

Le gros de la troupe de Tristan s'était formé en un peloton qui faisait face à l'hôtellerie et qui était disposé sur deux rangs dont le premier avait l'arbalète à l'épaule, et le second, l'épée au poing. Plusieurs autres s'étaient rangés en cercle autour de leur chef et de la charrette où se trouvaient les condamnés. Quelques-uns avaient mis pied à terre; et, pendant qu'un d'entre eux détachait de la croupe de son cheval deux énormes sacs roulés en manière de valise et qu'un autre tirait de son escarcelle un paquet de ficelle noire et une grosse aiguille, leurs compagnons descendirent de la charrette les prisonniers vivants et les attachèrent par couples dos à dos. Chaque couple fut glissé dans un sac, et chacun des sacs fermé avec soin après qu'on y eût mis deux ou trois grosses pierres afin d'en augmenter le poids.

Pendant cette affreuse opération, un silence inquiet et profond ne cessa de régner dans la foule. Les plaintes et les supplications seules des condamnés déchiraient l'air. Tous les cœurs en étaient saisis de pitié; et tous les yeux étaient fixés avec effroi sur les sacs qui remuaient d'une manière convulsive, et sur les cadavres sanglants qu'un des gendarmes s'occupait de hisser à la branche d'un arbre voisin.

Jusqu'à ce moment le duc de Bretagne était resté immobile de stupeur, tant l'audace de Tristan lui avait imposé. Mais, reprenant tout à coup son énergie et grinçant les dents comme un tigre blessé, il s'avança vers le prévôt et lui dit d'une voix vibrante de colère :

— Encore une fois, je proteste contre votre jugement, et je vous somme de me livrer les quatre prisonniers, moi, leur maître et leur juge suprême. Que si vous avez le malheur de vous opposer à ma volonté, j'essayerai mes forces contre les vôtres.

— Messire, si la force est la force, le droit est aussi le droit. Sachez donc qu'aucune violence, qu'aucune puissance sur la terre ne me retiendra d'accomplir mon devoir, répondit le prévôt en faisant signe à ses hommes d'exécuter le jugement prononcé par lui.

— Puisqu'il en est ainsi, reprit le duc écumant de fureur, que sur votre tête retombe le sang qui va être versé.

Se tournant ensuite vers son escorte :

— Bretons, en avant ! s'écria-t-il. Arrachez vos frères à ce bourreau !

À cet appel, tous les hommes de la suite du duc saisirent leurs armes et sautèrent en selle. Mais, voyant la contenance ferme et décidée que tenait le peloton disposé par Tristan en face de l'hôtellerie et chargé de les tenir en respect, aucun d'eux ne fit mine de se porter en avant ni de vouloir sérieusement engager une lutte contre les gens du prévôt.

— Comment ! exclama le duc en voyant l'hésitation de ses hommes d'armes. Vous avez peur ? Vous êtes assez lâches pour craindre ces drôles quand vous êtes trois contre un ? Honte, honte éternelle sur vous !

Un sourd chuchotement parcourait les rangs des Bretons et ils se regardaient les uns les autres comme pour se consulter. Cependant aucun ne paraissait disposé à se rendre aux injonctions de leur chef, bien que les suppôts du justicier royal eussent déjà traîné les sacs au bord de l'étang. En ce moment un des lieutenants de Pierre de Bretagne s'approcha et lui dit à voix basse :

— Monseigneur, vos gens engageraient, sans crainte, le combat, fussent-ils un contre dix, pourvu qu'ils eussent affaire à des hommes de guerre comme eux. Mais, soldats, ils se refusent à croiser le fer avec des valets de bourreau. Nous n'obtiendrons pas d'eux qu'ils compromettent à ce point la dignité militaire. Au surplus, considérez, messire, à quel danger Votre Grâce s'expose en commençant une lutte avec Tristan, qui représente ici le roi lui-même.

Le hasard voulut qu'au même instant le duc tournât les yeux du côté des compagnons du prévôt. Il s'aperçut non sans effroi que quatre d'entre eux avaient tendu leurs arbalètes et le tenaient résolument couché en joue, tandis que leur chef, sans avoir l'air de craindre une attaque, lui disait d'une voix retentissante :

— Messire le duc, faut-il vous faire observer une dernière fois que j'agis ici au nom du roi de France et que je tiens la place de sa personne sacrée? Ou croyez-vous peut-être que je sois de ceux qui se laissent intimider par une menace? Prenez garde à vous, monseigneur. Au moindre mouvement suspect que vous ferez, vous ou le premier de vos hommes, vous recevrez quatre flèches dans la poitrine, aussi vrai que je m'appelle Tristan l'Ermite.

Le caractère de fer et l'inflexibilité du justicier royal étaient trop généralement connus, pour qu'il fût possible de douter qu'il tînt parole.

Aussi le duc ne fut-il guère tenté d'entamer une lutte avec les gendarmes, et il le fut d'autant moins que ses gens répugnaient tous à se mesurer avec des hommes qu'ils appelaient du nom flétrissant de valets de bourreau. Il prit donc le parti de se soumettre à la nécessité. Il tourna les talons, se remit en selle et, sans plus ajouter une parole, s'en alla avec toute sa suite.

En voyant Pierre de Bretagne se retirer tranquillement, Tristan ne se sentit pas d'orgueil et de satisfaction; mais son visage, toujours calme en apparence, ne laissa rien deviner de ce qui se passait en lui.

Quand l'escorte ducale se fut éloignée, il fit exécuter dans toute sa rigueur la cruelle sentence qu'il avait rendue.

Si l'histoire nous offre des exemples de crimes encore plus horribles et de condamnations plus atroces encore, nous devons nous féliciter de vivre dans des temps moins barbares et rendre grâce à la Providence d'avoir, par la diffusion du christianisme, rendu plus humains ceux qui ont le bonheur de le confesser.

IV. — L'APPARITION NOCTURNE.

Grâce à la prompte intervention du prévôt général, maître Vermeil avait été réintégré à peu près dans la totalité de ses marchandises et de son argent. Cependant il n'en continuait pas moins à se lamenter sur les pertes que les brigands lui avaient fait subir et qui allaient encore s'augmenter assez notablement par le retard forcé qu'il éprouvait dans son voyage.

— La bonne ville de Paris, disait-il, a l'intention d'offrir à notre très-gracieux roi, le jour de sa fête, un présent comme on n'en a jamais vu jusqu'à ce jour. Elle veut lui donner un cerf gigantesque, mais tout composé de sucre et de fruits rares que j'ai été chercher en Provence et qui sont là dans mes charrettes. Or, bien que l'anniver-

saire de Sa Majesté tombe au 3 juillet et que nous soyons seulement à
la fin du mois de mars, il ne reste pas trop de temps pour parachever
l'ouvrage immense que l'on a projeté. S'il me fallait rester ici jusqu'à
ce que mes charretiers soient guéris de leurs blessures, j'en aurais
probablement pour six ou sept semaines. Puis, que de dépenses il me
faudrait faire, outre que mes marchandises me resteraient sur les bras
et que mes capitaux dormiraient sans rien me rapporter ! A la vérité
l'honorable messire Tristan, que le bon Dieu veuille récompenser selon
ses mérites, a pris note des dommages-intérêts que me doit le duc de
Bretagne. Mais je sais ce que cela vaut. Le roi, notre bien-aimé
seigneur et maître, n'ira certainement pas faire la guerre au duc pour
obtenir que justice soit rendue à un pauvre marchand comme moi, et
messire Pierre de Bretagne ne me donnera pas un rouge denier sans
y être contraint.

Ce texte, l'honnête épicier le variait de toutes les façons, en majeur,
en mineur, dans tous les tons possibles, si bien que, dans sa préoccupation, il oublia totalement le brave jeune homme qui, par la vitesse
de ses jambes, avait contribué autant que le prévôt lui-même à le faire
rentrer dans la possession de ses charrettes. Toutefois, hâtons-nous
d'ajouter que, lors même qu'il y aurait songé par hasard, il n'eût pas
manqué de peser au carat la récompense à donner à Hugo ; car il
joignait à une haute intelligence commerciale la vertu de l'économie,
mais de l'économie poussée jusqu'à l'exagération.

Dans le village, il y avait plusieurs hommes qui pouvaient disposer
de leur personne et qui s'offrirent, pour un salaire fort modéré, à
aider le marchand à conduire ses véhicules à Paris. Mais Vermeil,
un peu défiant de sa nature, ne put se résoudre à accepter leurs
offres de service.

— Je ferais une grande folie, se disait-il en lui-même, en confiant
mes marchandises, mon argent et ma vie en sus à une couple de gail-
lards que je ne connais point et qui pourraient fort bien me broyer
comme verre. Quelqu'un peut-il m'assurer que, dans le premier bois
venu, ils ne me tordront pas le cou pour déguerpir ensuite avec mes
charrettes? Car, je le vois bien, messire Tristan usera encore plus
d'une provision de sacs et de cordes, avant que cette maudite race de
brigands et de voleurs soit entièrement exterminée.

Pendant que l'épicier conversait de la sorte avec lui-même, ses
yeux s'arrêtèrent par hasard sur Hugo, qui se tenait discrètement à
quelque distance, sans songer à faire valoir par une seule parole
l'importance du service qu'il avait rendu à son compagnon de route.
Une heureuse idée vint tout à coup à l'esprit du marchand. Il se
rappela avec quelle adresse le vigoureux garçon avait aidé les charretiers à atteler les chevaux après l'arrivée des Bretons dans le
village. Il se rappela aussi la résolution et le courage que le jeune

voyageur avait montrés, et surtout la force de jarrets dont il avait fait preuve, en allant appeler Tristan et ses compagnons après le fatal événement de la forêt. Puis encore, il ne put se défendre d'admirer la discrétion de l'enfant, qui ne semblait pas même penser à réclamer de l'homme sauvé par lui la récompense dont la promesse lui avait été faite au moment du danger. Il sentit donc qu'il avait un grand devoir à remplir. Mais son esprit calculateur lui fit comprendre en même temps qu'il lui serait aisé de faire d'une pierre deux coups, s'il engageait Hugo en qualité d'aide-charretier; car, d'une part, ce serait diminuer de moitié la crainte qu'il avait de prendre à son service deux compagnons dont il n'était pas sûr, et, d'une autre part, ce serait s'acquitter envers son jeune sauveur d'une dette de reconnaissance.

Hugo, qui ne savait, dans l'abandon où il était, quel parti prendre ni de quel bois faire flèche, accepta avec empressement l'offre que lui fit maître Vermeil de l'accompagner en qualité d'apprenti charretier. Le défiant épicier lui adjoignit, pour compléter son personnel, un jeune villageois, le plus simple d'esprit qu'il pût trouver, mais non pas le moins vigoureux du côté des jambes et des poings.

Comme le soleil était déjà près de toucher l'horizon, on ne pouvait songer à se mettre en route, ni espérer de gagner un village voisin avant que la nuit fût entièrement close. L'honnête Vermeil résolut donc de s'arrêter jusqu'au lendemain dans l'hôtellerie, où il avait déjà fait donner un gîte à ses deux valets, qui étaient le plus grièvement blessés. Mais, de même qu'un chat échaudé craint l'eau froide, le marchand, forcé de laisser ses charrettes à la belle étoile devant la porte de l'auberge, craignait naturellement que, pendant la nuit, elles n'excitassent la convoitise de quelque larron. Aussi s'adressa-t-il à Hugo; et il obtint, à force de prières et de promesses, que le jeune homme s'installerait dans le voisinage des véhicules en guise de sentinelle, s'engageant à venir le relever à l'heure de minuit et à veiller à son tour jusqu'au matin.

— Mais, garde-toi bien, mon ami, de boire une goutte de vin, lui dit le rusé marchand; car le vin porte au sommeil. Quant à manger, tu le peux tant que tu voudras, et je te conseille de ne pas rester sur ton appétit. Que si tu sens tes paupières s'alourdir, rafraîchis-toi tout de suite les yeux et le visage au ruisseau voisin. Si tu entends ou que tu voies quelque chose de suspect approcher de mes charrettes, tu m'éveilleras immédiatement en soufflant de toutes tes forces dans le sifflet que voici. Maintenant, mon garçon, que je t'ai donné toutes mes instructions, songe à me fournir un premier échantillon de ta vigilance et à remplir dignement ton devoir de bon serviteur. Que la sainte Vierge et tous les saints te gardent! Bonsoir.

Maître Vermeil fut loin d'exécuter, avec sa ponctualité habituelle, l'engagement qu'il avait pris. Au lieu d'aller se coucher immédiate-

ment, il s'assit dans un bon fauteuil, décidé à faire d'heure en heure
sa ronde et à s'assurer si Hugo s'acquittait bien religieusement de sa
fonction. Puis il se mit à faire un petit somme. Mais il ne dormait
que d'un œil, et de neuf heures à minuit, il se leva à plusieurs reprises
et s'approcha de la fenêtre pour jeter un coup d'œil sur les charrettes
et sur le gardien qui les surveillait.

La première fois qu'il avait repris sa place, il s'était dit en lui-même :

— Bon, il se promène, le brave garçon.

La seconde fois il avait murmuré tout bas :

— Mieux encore, il siffle un vieux air.

Et la troisième fois :

— De mieux en mieux ; il chante.

Complétement rassuré par ces trois inspections, il crut pouvoir se
livrer tranquillement au repos, se jeta sur son lit et s'endormit bientôt d'un profond sommeil.

L'heure de minuit était depuis longtemps passée, et le pauvre Hugo
attendait toujours que son maître vînt le relever de sa longue faction.
Mais l'épicier dormait de tout son cœur et ronflait à faire vibrer les
carreaux de vitre. Force fut donc au pauvre enfant de se tenir éveillé.
Pendant quelque temps, il lutta vaillamment contre le sommeil, et
déjà cinq ou six fois il s'était rafraîchi le visage à l'eau glacée du
ruisseau. Cependant ses paupières devinrent de plus en plus lourdes,
et même l'aspect des deux cadavres de voleurs, qui, accrochés côte à
côte aux branches d'un arbre voisin, se découpaient sur l'azur foncé
du ciel nocturne et avaient, jusqu'à ce moment, empêché le brave garçon de s'endormir, cessa de le tenir dans un état de surexcitation à
laquelle il devait de n'avoir pas succombé plus tôt à la fatigue. Bref,
la nature réclama ses droits, et Hugo, assis sur un banc de bois adossé
à la façade de l'hôtellerie, s'affaissa lourdement sur lui-même. Peu
d'instants après, vous l'eussiez vu plongé à son tour dans un sommeil,
calme d'abord, mais troublé bientôt par toute sorte de rêves pénibles
et bizarres. Les nombreux événements dont la journée précédente
avait été remplie, se représentèrent vivement à son esprit. Tous les
incidents qui s'étaient succédé depuis la découverte des fameuses peaux
de lièvres dans le caveau de Carlat jusqu'au moment de la noyade et
de la pendaison ordonnées par Tristan, se répétèrent dans sa pensée
et vinrent renouveler ses terreurs.

Au moment où, pour la seconde fois, il se crut dans la forêt, donnant tête baissée dans un buisson, il sentit se poser sur son épaule
une main vigoureuse qu'il prit aussitôt pour celle du terrible Gautier.

En éprouvant le contact de cette main de fer, il bondit sur son siége,
et un cri d'épouvante allait s'échapper de ses lèvres. Heureusement
une voix à demi étouffée, mais bien connue, arrêta ce cri en disant
avec une douceur et une sympathie extrêmes :

— Silence, mon enfant ; c'est moi, ton oncle Jacques. J'accours de bien loin pour te voir, ayant appris de Tristan ta présence dans ce village.

Tu te disposes à aller à Paris, et je t'approuve. Là je ne te perdrai pas des yeux, et j'aurai soin de toi. N'aie aucune inquiétude au sujet de ta mère ni de ta sœur. Je leur ferai savoir où tu es. Mais n'oublie point la recommandation que je t'ai faite. Je te le répète encore, il faut que personne au monde ne sache que je suis ton oncle et que tu es mon neveu. Sinon, je devrais pour toujours te retirer ma protection. Adieu, maintenant, mon enfant. Sois sage, prudent et loyal ; c'est le seul moyen de faire son chemin dans le monde.

Hugo, muet de surprise, tant l'apparition de son oncle avait été inattendue, eut à peine la force de le remercier en l'embrassant avec effusion. Le mire ne paraissait pas moins ému. Il serra l'enfant dans ses bras, lui remit quelque argent, et disparut dans l'obscurité de la nuit. Quelques secondes après, vous eussiez entendu résonner à l'extrémité du village le bruit des pas d'un cheval, qui allait s'éteignant par degrés dans le lointain. C'était le cheval de Coitier qui courait rejoindre la suite du roi.

En se retrouvant seul au milieu du silence qui régnait autour de lui, Hugo se fût sans doute imaginé qu'il avait été le jouet d'un rêve, si l'argent qu'il tenait à la main n'avait pas été une preuve manifeste que le mire était réellement venu le voir une dernière fois.

Dès la petite pointe du jour, l'honnête Vermeil donna l'ordre d'atteler les charrettes.

Quand il se fut enquis du montant de sa dépense, il essaya de passer adroitement en compte au maître de l'hôtellerie la cédule des dommages-intérêts qu'il avait à réclamer du duc de Bretagne et dont messire Tristan avait fixé le montant. Mais l'hôtelier refusa sagement cette proposition. Il alla même jusqu'à demander, sinon un gage suffisant, au moins le payement de la dépense faite et de celle qui restait à faire pour la guérison des deux charretiers que l'état de leurs blessures ne permettait point de transporter à Paris.

Cette exigence, si parfaitement fondée qu'elle fût en droit, procura au rusé marchand une nouvelle occasion de se lamenter sur les pertes énormes qui résultaient de l'attaque dont il avait été l'objet et la victime. A la vérité, il ne réussit point à émouvoir l'hôtelier, et il finit par payer la somme réclamée, non sans cesser de gémir et de répéter qu'il était ruiné, que sa caisse avait disparu, et qu'il serait forcé de vendre, chemin faisant et à grande perte, la majeure partie des marchandises destinées à la confection du fameux cerf que la cité de Paris devait offrir au roi. Cette assertion n'était rien moins que vraie. Elle ne fut, pour le madré négociant, qu'un moyen de justifier à un certain degré la lésinerie dont il comptait user, pendant le voyage, envers les deux aides-charretiers qu'il s'était adjoints.

V. — GRANDES ANGOISSES.

Est-il besoin de dire que la veuve Michelet et sa fille Toinette pas-
serent dans une vive inquiétude le temps assigné au voyage d'Hugo?
Ce temps étant révolu, cette inquiétude se changea en une transe mortelle, qui augmentait à mesure que les minutes et les heures s'écou-
laient sans ramener à la pauvre sœur son frère, à la pauvre mère son
fils. Que de fois l'une et l'autre s'étaient portées sur la route par où le
voyageur devait revenir! Que de larmes la mère et la fille avaient versées chaque soir! Que de nuits elles avaient veillé dans le désespoir et
dans la prière!

Mais ce n'était pas seulement dans l'humble maison de la veuve que
l'angoisse et le deuil étaient entrés. Ils régnaient aussi dans les salles
magnifiques et resplendissantes du château de Carlat. A la vérité, le
duc y restait inaccessible, qui, se reposant sur sa puissance, leur oppo-
sait son orgueil et son mépris. Mais ils navraient d'autant plus la
pieuse et charitable duchesse. Elle éprouvait une indicible anxiété, et,
si elle craignait pour la vie du jeune messager, elle ne songeait pas
avec moins d'inquiétude à l'avenir de son mari et de ses enfants.

Les soupçons de la pauvre femme n'avaient été que trop fondés
lorsqu'elle s'était dit que l'envoi des peaux de lièvres ne pouvait servir
que de prétexte à une mission secrète et coupable. Le serment que son
mari avait prêté, quelques années auparavant, sur la croix de saint
Lo, elle le regardait comme un engagement sacré, et elle tremblait à la
seule pensée que le duc pût songer à le rompre; car elle voyait, jour et
nuit, dans son esprit, la colère du roi suspendue sur la tête de son vassal, comme une épée qui ne tenait plus qu'à un seul cheveu.

Jacques d'Armagnac ne cessant de manifester la plus profonde indifférence pour l'inquiétude à laquelle sa femme se livrait de plus en plus,
et une sympathie naturelle rapprochant l'une de l'autre les âmes qui
souffrent, la duchesse se sentit secrètement attirée vers l'infortunée
mère d'Hugo. Aussi bien un intérêt commun unissait ces deux cœurs.
Si le retour de l'enfant venait mettre un terme à la douleur de sa mère,
la dame de Carlat pouvait, du moins pour cette fois, espérer qu'il n'y
avait rien à craindre pour elle ni pour les siens; car elle aurait la certitude que le jeune messager avait échappé aux suppôts de la justice
royale.

Dans la modeste habitation de la veuve Michelet, il n'y avait pas
un objet qui ne rappelât à la mère désolée un souvenir de son fils
absent. Le matin, quand elle se levait, fatiguée d'insomnie et les yeux
tout rouges de larmes, son premier regard tombait sur le lit intact

où son enfant goûtait naguère un si doux sommeil, et ses yeux débordaient de nouveau. Il en était de même à chaque repas; la place qu'Hugo avait eu coutume d'occuper à la table, restait vide; et, au lieu des agréables et innocents propos, qui naguère égayaient ces douces réunions de famille, il régnait maintenant entre la veuve et sa fille un silence de mort, interrompu seulement par un sanglot ou par un soupir que l'une ou l'autre laissait échapper. Quelle dure privation c'était pour elles de ne plus entendre le cordial salut que l'enfant avait l'habitude de leur adresser chaque matin et chaque soir, ni son rire si gai ni sa voix si joyeuse! Comme elles se ressentaient l'une et l'autre de l'absence de cet être bien-aimé, qui mettait tant de zèle à les assister dans tous les travaux de la maison et une si pieuse sollicitude à prévenir tous leurs désirs et à faire tout ce qui pouvait leur être agréable!

La bonne Michelet avait soigneusement enfermé, au meilleur endroit de son bahut, le chaperon de cuir que le duc avait arraché de la tête de l'enfant pour y substituer le chapeau qui avait failli devenir si fatal à l'infortuné. Chaque pièce de vêtement qu'Hugo avait portée, était devenue, pour sa mère et pour sa sœur, comme une relique qu'elles conservaient avec un soin religieux. Il sembla même à la veuve que, depuis le jour du départ de son fils, trois petits rosiers plantés dans des vases de terre et posés près de la fenêtre, au soleil, avaient commencé à languir, bien que Toinette veillât avec plus d'attention que jamais à les conserver.

— Tenez, mère chérie, regardez donc ceci! fit un jour Toinette en sanglotant et en montrant deux vieux souliers d'Hugo. Des toiles d'araignée là-dessus! Y a-t-il donc si longtemps déjà qu'il est parti?

— Des toiles d'araignée! répéta la mère toute navrée de douleur. Des toiles d'araignée comme il y en avait dans le caveau! Ah! mon Dieu! qui sait à quel arbre les araignées tissent aussi, à l'heure qu'il est, leurs toiles sur le corps inanimé de mon enfant, ou dans quel étang les poissons se nourrissent de sa chair? Oh! voilà qu'elles ont pris possession des souliers de mon petit! Elles savent trop bien qu'il n'en a plus besoin!

L'infortunée ne put en dire davantage. Sa voix mourut sur ses lèvres; son cœur faillit se briser; et, pendant quelque temps, elle et sa fille regardèrent ces deux souliers en poussant des sanglots.

Peu de moments après, on heurta doucement à la porte, et la duchesse Louise entra avec ses trois enfants.

En voyant les deux femmes pleurer devant les souliers de l'absent, la dame de Carlat se sentit pâlir, tant elle était émue. Elle saisit la main de la veuve et, la serrant dans les siennes:

— Je comprends la cause de vos larmes, dit-elle d'une voix qui témoignait de la plus vive compassion. Croyez-moi, bonne Michelet, je prends une grande part à votre douleur; mais je ne renonce pas

encore à l'espoir de voir revenir votre Hugo. C'était un enfant si charmant, si bon!

— Ah! oui, charmant et bon, il l'était, répondit la veuve en sanglotant toujours. Mais en même temps il était le fils le plus reconnaissant
et le plus docile.

— Je ne vois pas, reprit la dame de Carlat, en cherchant à donner
elle-même par ses paroles le change à l'anxiété qu'elle éprouvait au
fond de son cœur, — pourquoi nous irions précisément toutes deux
supposer le pire pour votre fils. D'animaux dangereux, il n'y en a plus
guère dans notre pays, Dieu merci. Les voleurs de grand'route, ne
pouvant espérer de trouver sur un enfant quelque chose qui vaille, ne
se donneront pas la peine de l'attaquer. Puis votre Hugo est trop intel-
ligent pour s'être égaré en chemin; et, comme le message dont il se
trouvait chargé n'était qu'un innocent badinage, il n'est guère permis
de supposer que le redoutable Tristan ou quelque autre ait pu lui
faire le moindre mal.

— Madame, repartit la mère d'Hugo en poussant un profond soupir,
vous oubliez que Baudouin, mon fils aîné, quitta aussi la maison,
chargé par monseigneur le duc d'un message qu'on disait fort innocent.
Cependant il y aura bientôt trois ans qu'il est parti sans que l'on sache
ce qu'il est devenu. Hélas! voilà comment tous mes garçons me sont
ravis!...

— Ecoutez, mon amie, interrompit la duchesse en serrant de nouveau la main à la pauvre femme; je ne suis pas venue seulement pour
vous demander si vous n'avez reçu aucune nouvelle de votre fils. Un
autre motif encore m'a conduite ici. Je sais bien qu'il n'est pas de trésor
qui puisse compenser la perte de votre enfant, en supposant qu'il soit
perdu. Cependant acceptez, je vous prie, les quelques pièces d'or que
voilà, et ne les repoussez point. Employez-les à payer des messagers
qui aillent de tout côté recueillir des informations sur votre fils et
s'enquérir de ce qu'il est devenu. J'en enverrais volontiers moi-même;
mais je crains que ma démarche ne s'ébruite et que le duc mon mari,
en ayant connaissance, ne soit irrité contre moi. Aussi, tenez, bonne
Michelet, acceptez cela.

En disant ces mots, elle glissa un petit rouleau de pièces d'or dans
la main de la veuve.

— Merci, mille fois merci, ma très-gracieuse dame, répondit la
mère d'Hugo. Ah! si je pouvais, au moyen de cet or, obtenir quelque
bonne nouvelle de mon garçon, je vous bénirais et vous regarderais
comme un ange du ciel.

— Il est encore une chose que je dois vous dire, reprit la dame de
Carlat. Envoyez chaque jour votre petite Toinette à la cuisine du château, et je lui ferai remettre un peu de viande chaude et un peu de vin
pour réparer vos forces. Si vous avez besoin de quelque chose, adressez-

vous à moi sans la moindre crainte et je ferai tout ce qui me sera possible pour vous aider.

— Que Dieu notre Seigneur vous récompense de toutes les bontés que vous daignez avoir pour moi! répondit la veuve. Si tous les cœurs étaient faits comme le vôtre, ma très-gracieuse dame, le monde serait un vrai paradis. Que ne puis-je seulement vous rendre la millième partie de ce que vous faites pour votre humble servante! Dites-moi de marcher à travers le feu pour vous, je suis prête.

— Bonne Michelet, répliqua la duchesse, vous pouvez faire pour moi mieux que cela, en vous souvenant de mes enfants, de mon mari et de moi dans vos prières. Car moi aussi j'ai mes soucis et mes chagrins. Peut-être même sont-ils plus réels et mieux fondés que les vôtres. Si tout ce qui reluit n'est pas de l'or, ce n'est pas toujours le bonheur qui habite les palais, et celui qui est le mieux partagé du sort est quelquefois aussi le plus à plaindre.

Après avoir dit ces mots d'un ton qui prouvait à quel point elle était convaincue de la vérité qu'elle avait exprimée, la duchesse devint toute pensive, et un nuage de tristesse parut s'étendre sur son noble visage. Ni la veuve Michelet ni sa fille n'osèrent se hasarder à pénétrer, plus avant que la discrétion ne le permettait, dans le secret de ses chagrins et de ses préoccupations. Il s'établit donc un silence profond et presque solennel dans la petite chambre. Ce silence dura deux ou trois minutes. François, le plus jeune des fils de la dame de Carlat, le rompit le premier en demandant tout à coup avec une curiosité tout enfantine:

— Tiens, pourquoi donc ces souliers se trouvent-ils là sur la table. A qui sont-ils?

— Ce sont des souliers que mon frère a portés, lui répondit Toinette à voix basse. Voyez, il y a déjà des toiles d'araignée dessus, ajouta-t-elle avec une émotion qu'elle essayait vainement de déguiser.

— O! que ne suis-je assez grand pour avoir des souliers comme ceux-là! s'écria Jacques, fils aîné du duc de Nemours.

— Mon Dieu, des souliers semblables vous ne voudriez pas les mettre aux pieds, repartit Toinette; car ils sont trop grossièrement façonnés et les semelles sont simplement faites de bois.

— Quels qu'ils soient, reprit François, je les préfère à ces grandes bottes de cuir armées d'éperons qui déchirent et mettent tout en sang les flancs des pauvres chevaux. J'aimerais mieux ne pas apprendre à monter à cheval que de faire tant de mal à une pauvre bête. Oh! les animaux sont bien à plaindre. Le cœur me saigne quand je vois ce méchant Lerreau cingler de coups de cravache les chevaux et les chiens.

— Oui, cela est vrai, ajouta Jacques en secouant la tête avec compassion. Mais ce n'est pas tout encore ni le pire, il s'en faut. Lerreau, avec qui nous devons maintenant passer la moitié de la journée, met aux chiens de chasse des colliers dont l'intérieur est garni de pointes

de fer, et il ne leur donne pas à manger, quand ils ne comprennent pas
tout de suite ce qu'il veut leur apprendre. Pour les dresser à l'attaque
du sanglier, il tâche de prendre quelque sanglier vivant et lui scie ses
défenses; parfois même il lui brise l'arrière-train pour l'empêcher de
faire résistance ou de courir trop vite. Puis il lâche sur le pauvre animal une meute de chiens furieux qui le mettent cruellement en pièces.

— Et les pauvres renards, reprit à son tour François; il faut voir
comme Lerreau les maltraite. Il les fait sauter en l'air presque à hauteur d'homme jusqu'à ce que les pauvres bêtes se brisent les os en
tombant et meurent misérablement.

— Te souviens-tu encore, demanda Jacques à son frère, de la dernière chasse où nous vîmes un cerf qui avait déjà reçu dans le corps
trois flèches et deux coups d'épieu, et qui semblait tout épuisé de fatigue? L'as-tu vu s'arrêter brusquement dans sa course, et, immobile,
s'appuyer au tronc d'un arbre et pleurer? Puis il eut un hoquet violent,
des flots de sang lui sortirent de la bouche, et il tomba pour ne plus
se relever.

— Cessez donc, s'il vous plaît, vos horribles récits, interrompit la
jeune princesse Marguerite. Vous me donnez des frissons. Aussi par-
lons d'autre chose. Dites-moi, ne fait-il pas charmant dans cette petite
maison si tranquille, si calme, si solitaire.

— Certainement, répondit Jacques. Je me plais infiniment mieux ici
que dans nos salles si hautes d'étage et si froides, où l'on tressaille
involontairement au bruit de ses propres pas, tant elles sont vastes et
sonores. Puis encore, on n'entend pas ici ces affreux hurlements de
chiens, ni ce bruit continuel que font les chevaux en battant des pieds
le pavé et qui vous permet à peine de fermer l'œil la nuit. La vue dont
on jouit ici sur le parc et dans la campagne est aussi beaucoup plus
agréable que celle que nous avons au château sur une cour enfermée
entre de hautes murailles toutes noires.

— Une fois que je serai grand comme mon père et libre de faire ce
qui me plaira, je viendrai m'installer ici, ajouta François.

— Tu es bien peu gracieux, mon frère, objecta Marguerite. Tu voudrais donc forcer la bonne Michelet à quitter sa maison?

— Oh! de cela le bon Dieu me garde! exclama François. J'ai voulu
dire seulement que je me ferais à côté d'ici une jolie petite chambre où
je jouerais toujours avec le bon Hugo, en supposant qu'il revienne.

En ce moment la duchesse rompit tout à coup cette conversation
enfantine, soit qu'elle eût craint que le nom d'Hugo, si imprudemment
attaché à une hypothèse qui pouvait fort bien être une déception, ne
renouvelât les angoisses de la veuve, soit qu'elle-même espérât trouver
quelque soulagement à épancher les larmes qui remplissaient son cœur.

S'étant levée de son siège:

— Chère Michelet, dit-elle à l'infortunée mère, faites-moi le plaisir de m'ouvrir le caveau de la chapelle. J'éprouve le besoin d'être seule quelques moments, et surtout le besoin de prier. Dans le voisinage des morts l'âme s'élève mieux vers le ciel et se dérobe plus aisément aux soucis terrestres.

La veuve accéda immédiatement au désir de la duchesse, qui demanda qu'on la laissât, sans la troubler, dire ses prières dans ce lieu de silence et de recueillement, et remit ses enfants à la surveillance de la pauvre femme et de sa fille, qui, d'ailleurs, depuis le jour de la fatale découverte des peaux de lièvres, n'avaient plus pu se résoudre à mettre le pied dans le souterrain funéraire.

Pendant que leur mère était là, les deux jeunes princes entrèrent dans le parc et se livrèrent aux jeux de leur âge. Mais, s'étant approchés par hasard d'une fenêtre basse et grillée, qui était ménagée au chevet de la chapelle et qui servait à donner un peu de jour à la partie la plus reculée du caveau, ils s'arrêtèrent pour écouter ce qui s'y passait. Tout à coup ils entendirent, à travers les barreaux, sangloter la duchesse, qui épanchait sa douleur sur le tombeau de sa petite fille et qui peut-être, en pleurant sur le passé, pleurait aussi sur l'avenir.

— Ecoute donc comme notre bonne mère sanglote, dit François à son frère en joignant les mains.

— O mon Dieu! répondit Jacques, depuis quelque temps je la vois souvent pleurer de la sorte. Quelquefois même, la nuit, quand je m'éveille, je l'entends éclater en sanglots, bien qu'elle se fasse violence pour me cacher sa douleur. Oh! si je pouvais savoir ce qui lui cause tant de chagrins! surtout si je pouvais, au prix de ma vie, lui épargner une larme, comme je serais content de mourir!

Après avoir passé douze à quinze minutes devant la tombe où était enfermée une partie d'elle-même, la duchesse remonta lentement les marches du caveau. Mais avant de franchir la dernière dalle, elle s'arrêta un moment pour s'essuyer les yeux et laisser à l'air plus vif du dehors le soin de les rafraîchir et de faire disparaître la trace des larmes qu'elle avait versées. Lorsqu'elle n'eut plus à craindre que ces signes extérieurs révélassent le trouble et l'émotion qui l'agitaient, elle rejoignit ses enfants et reprit avec eux le chemin du château.

Grâce à la générosité de la duchesse, la veuve Michelet se trouva en mesure de mettre en campagne un certain nombre de gens, chargés d'explorer les différentes routes qui de Carlat se dirigeaient vers la Bretagne, afin de recueillir tous les indices capables de faire découvrir la direction que son enfant avait prise. Mais ils revinrent sans avoir obtenu le moindre renseignement sur le jeune voyageur. A la vérité, quelques-uns d'entre eux pouvaient avoir trompé la pauvre mère, et, au lieu de remplir en conscience leurs engagements, avoir gagné leur salaire sans se donner la peine de faire toutes les recherches nécessaires pour arriver à une certitude quelconque sur le sort d'Hugo.

Cependant il était difficile de croire que tous eussent agi avec la même déloyauté, et leurs rapports négatifs étaient trop unanimes pour ne pas faire naître la conviction que toute recherche ultérieure resterait stérile. A cette nouvelle déception, la veuve courba la tête. Elle avait vu s'évanouir son dernier espoir, et elle finit par ne plus oser croire qu'elle reverrait jamais son fils dans ce monde.

Un soir néanmoins, trois semaines après la disparition de l'enfant, Jacques Coitier arriva inopinément à la maison de sa sœur. Elle n'eut rien de plus pressé que de lui raconter le triste et mystérieux événement, et le supplia de l'assister dans ses recherches.

— Ma bonne sœur, lui répondit le mire avec un calme qu'elle fut tentée de prendre pour un véritable manque de cœur, tu ne peux rien me dire que je ne sache. Je t'en dirai même davantage ; car j'en sais un peu plus que toi....

— Comment ! tu saurais ? exclama la femme toute hors d'elle-même. Au nom du Ciel ! explique-toi...

— Pas si vite, ma sœur, repartit Coitier. Il faut d'abord que vous me promettiez, Toinette et toi, de ne répéter à âme qui vive ce que je viens t'apprendre...

— Nous promettons tout ce que tu voudras ; mais parle au nom de tous les saints, parle...

— Eh bien, sache qu'Hugo est en vie...

— Que le Seigneur soit béni ! s'écria la veuve en se laissant tomber à genoux et en levant les deux mains vers le ciel.

— Ton fils est en ce moment à Paris, continua le mire. Il est placé sous ma surveillance et sous ma protection. Mais il ne peut revenir ici que lorsque votre duc ne pourra plus s'aviser d'exposer ses vassaux à être pendus ou enfermés dans des sacs et jetés à l'eau, en les chargeant de missions qui ont pour objet des crimes de haute trahison. Ce moment, si je ne me trompe, ne tardera guère à venir.

En apprenant qu'Hugo vivait encore, la mère et sa fille semblèrent renaître à la vie. A peine si elles eussent pu croire à la vérité du langage qu'elles venaient d'entendre, s'il n'était sorti de la bouche même de Coitier. Aucun doute ne leur était plus permis ; car le mire ne pouvait s'être fait un jeu de les bercer d'un espoir qui n'était point fondé. Comme par un mouvement concerté, toutes deux sautèrent au cou du porteur de cette heureuse nouvelle, et faillirent l'étouffer dans leurs embrassements. Mais, après cette première explosion de joie, la veuve demanda à son frère d'une voix presque suppliante :

— Pourquoi donc ne veux-tu pas que je fasse connaître à la bonne duchesse, par un simple signe, que notre Hugo est sain et sauf ? Elle prend un si vif intérêt au sort de mon enfant, et partage nos angoisses avec tant de sympathie, que ce serait vraiment péché que de la laisser plus longtemps dans l'incertitude au sujet de notre garçon.

— Garde-toi bien, ma sœur, de lui laisser soupçonner le moindre mot de ce que je viens de te dire, répliqua Coitier d'un ton impérieux. Personne au monde, excepté toi et ta fille, ne doit connaître mon secret. D'ailleurs, le duc ne gagnerait rien à savoir que son messager a échappé aux filets de Tristan. Je te recommande donc la plus grande discrétion, si tu ne veux me perdre moi-même. J'ajouterai un seul mot encore, c'est que les Nemours se trouvent sur un volcan, qui paraît tranquille au dehors, mais qui bouillonne au dedans et se prépare à faire explosion.

— Jacques, tu me donnes le frisson! exclama la veuve en joignant les mains. Le cœur me saigne rien qu'en songeant à la pauvre duchesse et à ses enfants. Tu ne saurais croire combien elle est bonne et généreuse pour nous. Elle m'a donné dix pièces d'or pour me mettre en mesure de payer des messagers qui sont allés dans toutes les directions s'enquérir du sort de mon fils.

— Je ne la plains pas moins que toi, repartit le mire avec un accent non équivoque d'émotion et de sympathie. Mais nous ne pouvons rien changer à sa destinée. Le duc a sacrifié à son ambition jusqu'à sa femme, jusqu'à ses enfants. Il n'est point en notre pouvoir de réparer le mal qu'il a fait, ni d'en arrêter les suites fatales. Il a reçu assez d'avertissements, et la patience du roi est à bout... Mais j'oublie que je ne puis m'arrêter plus longtemps ici. Je suis venu seulement pour dissiper vos inquiétudes au sujet d'Hugo. Maintenant que vous savez qu'il n'y a plus rien à craindre pour lui, adieu, ma sœur, adieu, ma nièce. Que Dieu vous garde, et qu'il vous inspire de rester muettes comme des tombeaux.

A ces mots, Coitier, qui éluda avec soin toute explication ultérieure sur la position de son neveu, prit congé de sa sœur et disparut dans l'obscurité de la nuit.

VI. — LA CHAMBRETTE DES FRIANDS.

Dans la rue Saint-Michel, à Paris, se trouvait une maison à deux étages, dont la façade était percée de quatre fenêtres et qui était connue dans toute la ville. Ses murs noirs et farouches, et plus encore les barreaux de fer dont les fenêtres du rez-de-chaussée étaient garnies, lui donnaient presque l'aspect d'une prison. Aussi l'étranger eût-il été loin de la prendre pour une habitation bourgeoise, s'il n'avait remarqué, au-dessus de la porte cintrée qui y donnait accès, une

enseigne peinte sur laquelle était figuré un homme vêtu de blanc et
portant sur un plat un énorme pâté qui représentait la tour de Babel.
Au bas de cette enseigne régnait une inscription tracée en majestueuses
lettres d'or et destinée à apprendre aux passants que cette maison était
celle de Pierre Escabeau, pâtissier et confiseur du roi.

A l'époque de Louis XI, l'art du pâtissier, ou, pour parler plus
exactement, celui du confiseur, qui été porté de nos jours à une si
haute perfection, était encore, pour ainsi dire, dans l'enfance. Aussi
bien le sucre de canne, dont l'usage n'était guère généralement connu
en Europe, était alors un produit aussi cher que rare, et comme
matières édulcorantes on n'employait communément que le miel et le
sucre de plusieurs espèces de fruits. Mais Pierre Escabeau pouvait se
vanter d'avoir ouvert au produit de la canne de Bengale une carrière
toute nouvelle, en l'appliquant à certaines préparations gastronomiques
et en le faisant entrer dans la composition de certaines friandises qui
sont d'un usage universel aujourd'hui. Aussi, c'était à lui qu'étaient
destinées les provisions de sucre, de fruits secs et d'épices fines que
maître Vermeil avait transportées à Paris, le célèbre confiseur de la
rue Saint-Michel ayant été chargé, par le magistrat de la capitale,
de mettre en œuvre toute son habileté, en confectionnant, pour le
prochain anniversaire du roi, un cerf en sucrerie d'une dimension
gigantesque.

Les brasseurs et les bouchers sont généralement des enseignes
vivantes de leur profession. Ils démontrent par leur corpulence combien les produits de leur industrie sont sains, nutritifs et fortifiants. Au
contraire, les pâtissiers et les confiseurs sont communément d'une
maigreur extrême.

Ils semblent, figures sèches, hâves et affaiblies, être faits de la
sorte tout exprès pour inspirer à leurs propres pratiques une sage
aversion pour les friandises, qui servent moins à entretenir et à fortifier le corps qu'à satisfaire les sollicitations toujours si dangereuses
d'un palais surexcité.

Maître Pierre Escabeau ne pouvait se vanter de faire exception,
pour le physique, à la généralité des gens de son métier; car il eût été
difficile de trouver dans tout Paris un homme plus maigre que lui.
Cependant, s'il avait l'air d'un véritable squelette, il niait obstinément
qu'il dût à l'exercice de son art cette constitution appauvrie; car,
prétendait-il, il se bornait simplement à préparer ses friandises, il
se gardait d'en manger jamais, et laissait volontiers ce plaisir à sa
femme, dont la figure prospère faisait vraiment le plus grand honneur
à la corporation des pâtissiers et des confiseurs. En effet, quand
certains disaient par mode de plaisanterie que deux phases de lune
différentes coïncidaient toujours dans le calendrier de maître Escabeau,
ils avaient parfaitement raison. Si le visage creux et osseux du pâtis-

sier offrait l'aspect d'un quart de lune, celui de sa femme était une image parfaite de la lune pleine, tant il était arrondi et charnu. Heureusement cette interversion des lois de l'astronomie n'altérait en rien le ciel de la maison Escabeau. Pendant que le mari s'occupait de pétrir ses pâtes, qu'il suait devant ses fours, ou qu'il pilait à grands efforts les épices diverses dont il aspirait les âcres parfums et dont les particules mordantes lui entraient sous forme de poudre impalpable dans le nez et dans la gorge, — sa femme trônait tranquillement dans sa boutique derrière une muraille de sucreries, de pâtés et de friandises de toute espèce, les dégustant à sa fantaisie, et les dégustant si fréquemment qu'elle paraissait douée d'un appétit perpétuel.

L'honnête Escabeau n'avait jamais eu jusqu'alors un aide qui l'assistât dans son laboratoire, tant il craignait de divulguer le secret de ses compositions et des mélanges variés auxquels il devait sa haute renommée. Pourtant il s'était tout à coup décidé à en prendre un à son service. Mais, s'il s'y résolut, ce fut sur les pressantes recommandations de maître Jacques Coitier, et parce qu'il crut le candidat du mire doué de trop peu d'intelligence pour avoir à craindre de se préparer dans son assistant un concurrent futur. Nos lecteurs devineront fort probablement d'eux-mêmes que le protégé de Coitier ne fut autre qu'Hugo Michelet, qui avait quitté le service de l'épicier Vermeil pour entrer à celui du pâtissier et confiseur du roi. Cependant, comme le nom d'Hugo sonnait peu agréablement aux oreilles de dame Sybille Escabeau, et que celle-ci régnait et gouvernait à la fois dans la maison, il avait été transformé en celui de Jasmin. C'était déjà un déguisement partiel du fils de la veuve Michelet. Ce qui rendait plus complète encore sa transformation, c'était la mise nouvelle que l'aide de maître Pierre avait été forcé de prendre, et dans laquelle il eût été impossible de reconnaître l'ex-messager du duc de Nemours. Sa longue chevelure noire était enfermée dans une de ces bourses à cheveux, dont l'usage, introduit d'abord par les pâtissiers et par les cuisiniers pour empêcher que quelque poil de leur tête ne tombât dans les mets ou dans les pâtes qu'ils préparaient, fut adopté plus tard par la mode et resta longtemps en vogue. Un bonnet de coton, orné d'une mèche superbe, lui servait de coiffure, et son costume se complétait par une jaquette de toile blanche et par un tablier garni d'une bavette et fait de la même étoffe.

De même qu'autrefois, lorsqu'on se servait encore de bœufs en guise de batteurs en grange, en les faisant trépigner sur les gerbes de blé pour en faire sortir les graines, on avait coutume de les museler à l'effet de les mettre dans l'impossibilité de manger le fruit des épis, — maître Escabeau avait pris soin de museler son assistant, sinon pour lui ôter le goût, au moins pour l'empêcher de se régaler des friandises si diverses qui lui passaient par les mains. Seulement cette muselière n'était guère visible ; car elle consistait simplement dans la menace faite à Hugo, ou plutôt à Jasmin, de le chasser immédiatement de la maison, si on l'attrapait à manger le moindre pâté ou la moindre confiture.

— Mon garçon, n'espère pas me tromper, lui avait dit, dès le premier jour, le pâtissier et confiseur royal. Chaque pièce qui sort de mes fours est comptée, et je sais par cœur combien il y en a de chaque espèce, grandes ou petites. Du reste, prends exemple sur moi, qui ne mange des produits de mon industrie qu'autant qu'il faut pour restaurer mes forces. Attends surtout qu'on te les donne. Hors de là, contente-toi, comme je fais, de la nourriture la plus simple qui est aussi la plus substantielle.

Jasmin promit d'observer ces sages prescriptions, et il tint parole, si grande que fût parfois la tentation qu'il éprouvait de les enfreindre. Il ne répugnait à aucun des travaux dont ses maîtres trouvaient bon de le charger, et Dieu sait qu'on ne l'épargnait guère ; car on l'employait à tout, à porter de l'eau, à cirer les chaussures, à nettoyer la maison, à fendre du bois, à piler les ingrédients dont maître Escabeau avait besoin, à pétrir les pâtes, à veiller aux fours, et à porter en ville les pièces de pâtisserie dont les tables les plus délicates ne trouvaient à se pourvoir que dans la rue Saint-Michel. Cependant, si nombreuses que fussent ses fonctions, elles ne se bornaient pas là. Il exerçait aussi celle de surveillant quand les acheteurs ou les consommateurs qui venaient se régaler sur place étaient en trop grand nombre dans la boutique pour que dame Sybille pût avoir l'œil partout. Car il arrivait parfois que l'un mettait indiscrètement la main sur quelque objet quand la marchande avait le dos tourné, ou que l'autre n'entendait payer que la moitié des pièces consommées par lui.

La probité, la complaisance et les manières ouvertes de Jasmin ne tardèrent pas à lui concilier l'affection et la confiance de la corpulente pâtissière. Il fut plus lent à conquérir celles de maître Escabeau qui avait coutume de répéter sans cesse qu'il ne fallait se fier à personne.

A la boutique où les pâtés se trouvaient étalés, attenait une sorte de petit cabinet latéral ou de grande alcôve, appelé communément la chambrette des friands et disposée pour recevoir les habitués, qui, en venant se régaler de quelque friandise, ne voulaient pas rester exposés aux regards des autres acheteurs. Quoique ce cabinet fût déjà passablement obscur par lui-même, ceux qui y prenaient place pouvaient se séparer de la boutique plus complétement encore au moyen d'un épais rideau qui empêchait tout œil indiscret de les voir.

Or, parmi les pratiques les plus assidues qui venaient s'asseoir dans la chambrette de maître Escabeau, pour se livrer tranquillement au plaisir de la friandise, il y avait un petit homme, sec et maigre, qui, toujours soigneusement enveloppé d'un manteau noir, avait coutume de venir à la tombée du jour, et se régalait particulièrement d'une sorte de petits pâtés, fourrés de viande hachée et de lentilles fines.

Ce personnage mystérieux avait une physionomie tout à fait étrange. Ses traits anguleux et fortement accentués témoignaient à la fois de la fermeté de son caractère et de la dureté de son cœur. Si son teint jaunâtre attestait une humeur atrabilaire, ses gestes et son maintien prouvaient qu'il savait allier le rôle de despote bourru à celui de valet humble et soumis. Il était pourvu de deux petits yeux gris, où on lisait la méchanceté de son âme et qui, toujours en mouvement, allaient à droite et à gauche, comme pour échapper aux regards qui se fixaient sur lui, ou pour épier, avec une sorte de défiance continuelle, tout ce qui se passait dans son voisinage.

Dame Escabeau, aussi bien que son mari, témoignait à l'inconnu une déférence extraordinaire et même un respect dont Jasmin ne put manquer d'être surpris.

Un soir, au moment où le petit homme, après avoir passé une demi-heure dans la chambre des friands, venait de quitter le magasin de la pâtissière, maître Escabeau entra dans une colère effroyable. Il saisit par l'oreille gauche le pauvre garçon et s'écria, en le secouant rudement :

— Petit voleur que tu es! Il manque à mon compte six marrons confits et trois macarons amers. Ils ont évidemment passé dans ton estomac.

Si fort que le soupçonneux pâtissier lui pinçât l'oreille, Jasmin se montra moins sensible à la douleur qu'il ne le fut à l'humiliation de s'entendre accuser de vol. Il protesta vivement de son innocence. Mais Escabeau ne lâchait ni l'oreille qu'il tenait, ni la conviction que le larcin avait été commis par son assistant. Peut-être eût-il fait un mauvais parti au jeune homme, si dame Sybille n'était venue s'interposer.

— Pierre, dit-elle à son mari, cesse donc de malmener ce garçon. Il a été dehors pendant deux longues heures, et le vol ne peut avoir été perpétré que durant son absence. Toutefois il me serait impossible de désigner le coupable, et même d'arrêter mes soupçons sur un de nos clients ; car il n'est venu ce soir qu'un petit nombre d'acheteurs, et messire Olivier le Diable est le seul qui soit entré dans la chambrette.

Comme Jasmin ne se trouvait que depuis peu de temps dans la maison Escabeau, il entendait pour la première fois le nom que dame Sybille venait de proférer. De crainte d'être traité de curieux par le sournois pâtissier, qui lui avait déjà plusieurs fois reproché de vouloir se mêler de tout, l'honnête garçon s'abstint prudemment de s'enquérir de ce que pouvait signifier l'étrange qualification attachée au nom de messire Olivier, et de ce qu'était le personnage lui-même qui la portait. Toutefois il n'en songea pas moins à approfondir le mystère qui semblait se rattacher à ce personnage bizarre et à ce surnom plus bizarre encore. Il ne tarda pas à découvrir que messire Olivier n'était autre que le petit homme, vêtu de noir et pourvu de ces yeux vifs et inquiets dont il avait déjà souvent remarqué les regards défiants et soupçonneux.

Mais le motif du surnom de diable restait un secret pour l'assistant de maître Escabeau. En y réfléchissant bien, Jasmin se dit que cette qualification devait nécessairement être justifiée par quelque mauvais penchant, et il conclut que messire Olivier pouvait bien être capable de voler quelques petits pâtés. Cette supposition fut un trait de lumière pour l'aide-pâtissier. Il craignait que, le fait se renouvelant, il n'en dût porter chaque fois la peine, et il n'avait rien moins que l'envie de se sentir pincer l'oreille et secouer les épaules tous les soirs.

Aussi résolut-il de se mettre en observation et de chercher à surprendre messire Olivier en flagrant délit. Mais ce système, suivi pendant trois ou quatre jours, ne lui réussit point.

Alors le brave Jasmin eut recours à un autre moyen.

Le lendemain, au moment où Olivier, entré dans la boutique, choisissait, en présence de dame Sybille, les pâtés auxquels il se disposait à faire fête, l'enfant se glissa doucement sous la grande table ronde qui se trouvait dans la chambrette, et que recouvrait un épais tapis de laine dont les bords retombaient sur le plancher tout à l'entour. Cette manœuvre lui fut d'autant plus facile à exécuter, que l'alcôve communiquait par une porte latérale avec le corridor de la maison. Blotti dans sa cachette, il attendit.

Au bout de quelques minutes, Olivier vint s'asseoir à sa place accoutumée et se mit à manger avec délices les pâtés et les sucreries dont il avait fait choix. Au bruit joyeux que faisait la mastication du bonhomme, il était aisé de comprendre qu'il s'en donnait à cœur joie. Mais ce bruit cessa tout à coup, et Jasmin en conclut que la provision du friand était épuisée. Aussitôt il dressa les deux oreilles et écouta ce qui allait se passer. Il lui sembla qu'Olivier se levait de son siége, s'avançait sur la pointe des pieds vers la portière qui fermait la chambrette, et s'arrêtait comme pour prêter l'oreille. Au même instant, vous eussiez entendu le marteau de la porte s'agiter violemment dans la rue, et vu dame Sybille, toujours assise dans sa boutique, quitter son fauteuil aussi vite que sa corpulence le lui permettait, et aller tirer le verrou en s'écriant :

— Ah ! voilà sans doute ces monstres d'enfants qui viennent me voler mes pâtés !

Pendant ce temps, Jasmin, ayant soulevé avec précaution le bord du tapis sous lequel il était caché, il s'aperçut qu'Olivier, profitant du moment où l'attention de la pâtissière était entièrement absorbée par cinq ou six mauvais garçons qui criaient dans la rue et au milieu desquels elle crut remarquer un homme qui s'éloignait en courant, s'était glissé dans la boutique et était venu reprendre sa place dans la chambrette après avoir fait main basse sur les pâtés et sur les confitures.

Maintenant il en savait assez. Il connaissait le voleur qui enlevait à la fois au maître ses pâtisseries et à l'aide sa bonne renommée. Cette découverte indigna l'honnête garçon au point qu'il faillit sauter sur l'auteur de ce honteux larcin et qu'il dut se faire violence pour attendre tranquillement sous le tapis que messire Olivier eût quitté la chambrette et la maison.

Le friand étant parti, Jasmin sortit de sa cachette, et, le visage tout rouge de colère, raconta à dame Sybille ce qu'il venait de voir. A ce récit la pâtissière fut sur le point de tomber à la renverse, tant sa surprise était grande. Ne pouvant en croire ses oreilles :

— Jasmin, s'écria-t-elle, ce que tu viens de dire là est impossible ! Tu as certainement mal vu. Comment ! un si riche seigneur, un comte, le gouverneur de la glorieuse ville de Paris, serait homme à risquer son honneur pour quelques misérables sous ? Oh ! garde-toi, mon garçon, de répéter à qui que ce soit ce que tu viens de me dire. Messire Olivier a le bras fort long, et de plus il est implacable dans ses colères.

— Quoi, madame ? exclama Jasmin plus surpris encore que ne l'était la maîtresse de la maison. Ce petit personnage sec et maigre est un homme riche, un comte, un gouverneur de ville ? Vous voulez sans doute rire de moi, dame Escabeau ?

— Pas du tout, répondit la pâtissière. Je ne badine point, et je ne t'ai dit que l'exacte vérité. Ce comte si riche, ce puissant gouverneur de ville n'a été dans le principe, et pendant de longues années, que simple barbier de notre très-gracieux roi. Mais il s'est si bien insinué dans l'esprit de Sa Majesté, et lui a rendu tant de services par ses sages conseils, que de son humble condition il est monté par degrés au rang élevé qu'il occupe aujourd'hui. Il est tout-puissant auprès du roi. Tu comprends donc qu'accuser de vol un pareil seigneur, c'est presque se rendre coupable du crime de lèse-majesté, ce qui pourrait fort bien te coûter la tête, si, par quelque fâcheux hasard, messire Olivier avait vent de ce que tu m'as dit.

— Pourtant n'avez-vous pas dit vous-même, il y a quelques jours, que ce bonhomme est un diable et non pas un comte ni un gouverneur de ville ? objecta l'aide de maître Escabeau.

— Ah ! soyons bien prudent, dit la dame. Ce surnom de Diable, qu'on doit se garder de faire entendre en public, lui a été donné par le menu peuple à cause de son extrême méchanceté. Nous nous en servons entre nous seulement pour désigner l'homme, lui-même nous ayant expressément défendu de faire jamais allusion à la haute dignité dont il est revêtu, afin de pouvoir entrer librement chez nous comme un inconnu.

— Fort bien, madame. Mais qu'arrivera-t-il, demanda Jasmin, si, d'un côté, messire Olivier continue à voler vos pâtés et vos sucreries, et que, de l'autre côté, maître Escabeau persiste à me regarder comme l'auteur de ces soustractions?

— Le cas est assez difficile, mon garçon, répliqua la femme. Cependant voyons. Avant toutes choses, nous devons tâcher de savoir si les coups de marteau qu'on donne presque tous les soirs à la porte, précisément quand messire Olivier se trouve ici, sont une simple coïncidence ou un manége convenu d'avance entre ce seigneur et quelques-uns de ses serviteurs. Dès qu'il nous sera prouvé que le Diable y est pour quelque chose, je saurai bien lui faire passer l'envie de renouveler ses larcins. Il peut se le tenir pour dit.

Force fut au jeune homme de se soumettre à cette décision, qui certainement était fort sage.

Seulement il se dit à part soi :

— Cela ne m'empêchera pas de prendre aussi mes mesures pour ôter à ceux qui viennent agiter le marteau de la porte la fantaisie de continuer leur infernal manége.

Les mesures que Jasmin entendait prendre consistaient simplement à administrer quelques bonnes volées de coups de bâton à l'affidé, dont l'invisible intervention aidait toujours si à propos messire Olivier à perpétrer ses vols. Aussi à la première visite que le petit homme au manteau noir vint faire à la chambrette des friands, le brave garçon alla se poster dans la rue à quelques pas de la porte, muni d'un gourdin capable d'abattre un chien enragé.

Il se trouvait en faction depuis quelques minutes, quand il entrevit tout à coup dans l'obscurité une forme humaine qui s'approcha de la demeure de maître Escabeau, saisit le marteau de la porte, se mit à faire un tapage infernal en heurtant à coups redoublés et s'enfuit aussitôt de toute la vitesse de ses jambes. Cependant cette fois le mystérieux frappeur avait compté sans son hôte, car il s'enfuit précisément du côté de l'aide-pâtissier qui, son gourdin levé, l'attendait de pied ferme et lui administra à l'improviste une volée de coups si abondante que le malheureux n'eut pas le temps de les compter. Ils tombaient si dru, que le battu ne songea pas à opposer la moindre résistance. Il n'eut qu'une pensée, celle d'échapper au plus vite à cette grêle furieuse qui menaçait de lui disloquer les épaules. Ce ne fut qu'après beaucoup d'efforts qu'il y réussit.

Content d'avoir tiré une satisfaction suffisante du soupçon injurieux dont son honneur avait été l'objet, l'aide-pâtissier rentra à la maison ; et, depuis ce soir, il eut, aussi bien que dame Sybille, la joie de remarquer que messire Olivier avait renoncé à s'emparer et à se régaler des friandises qui ne lui appartenaient pas.

Mais le pauvre Jasmin ne se doutait guère qu'en se frottant ainsi à l'ex-barbier du roi, dans la personne d'un de ses valets, il se fût fait un ennemi implacable ; car le battu avait parfaitement reconnu à son vêtement blanc, visible même dans l'obscurité, le propriétaire du bras qui avait manié si vigoureusement le gourdin.

Dans ces entrefaites arriva l'anniversaire de la naissance de Louis XI, ce jour où l'habileté et la science de maitre Escabeau devaient éclater dans une production destinée à compléter sa renommée. Le cerf gigantesque, que la commune de Paris lui avait commandé depuis si longtemps, et qui se composait entièrement de fruits secs, était un véritable chef-d'œuvre, dont même un pâtissier et confiseur royal pouvait se faire gloire d'être l'auteur. Aussi la moitié de la ville fut-elle sur pied lorsque la corporation tout entière des pâtissiers, revêtus de leur costume officiel, Escabeau et Jasmin à leur tête, traversa les rues de la capitale pour transporter au palais du roi le simulacre du noble animal.

Toute la magistrature de Paris était déjà réunie dans la royale demeure, pour complimenter le souverain et lui offrir le présent municipal.

En y entrant à la tête de la corporation dont il faisait partie, le fils de la veuve Michelet éprouva une sorte d'éblouissement. L'aspect de ces salles hautes et splendides, cet appareil magnifique, ce mouvement incessant de serviteurs qui allaient ou qui venaient, les fastueux costumes des grands personnages qui formaient la maison du souverain, tout concourait à lui donner le vertige, et en même temps à le forcer de faire un retour sur lui-même. Car, si émerveillé qu'il fût du luxe qui l'environnait, il se prit à se comparer intérieurement à ce monde de seigneurs fastueux qui entouraient le monarque, et il se demanda quel rôle il pourrait être destiné à jouer un jour dans la destinée d'un homme qui avait dans sa main la France et à ses pieds l'aristocratie la plus brillante de l'Europe. Il se demanda surtout comment il se pourrait que la prédiction de son oncle reçût son accomplissement.

À cette question, le pauvre garçon hocha la tête.

— Ma foi, se dit-il, cela n'est guère possible. Aussi suis-je parfaitement résolu à en faire mon deuil.

Non-seulement Louis XI affectait tous les dehors d'un simple bourgeois, sans condamner pour cela un certain luxe chez les personnages de sa cour ; mais encore il aimait à hanter les gens de petite condition autant qu'il se plaisait à humilier l'orgueil des vassaux les plus nobles et les plus puissants de son royaume. Aussi, lui arrivait-il assez fréquemment de s'inviter lui-même à partager le repas de quelque bourgeois ou de quelque artisan, de faire une visite à l'un ou à l'autre, de s'entretenir avec eux des détails de leur maison, et même de descendre jusqu'à la familiarité du badinage.

Maître Escabeau avait déjà eu plusieurs fois l'honneur de recevoir dans sa boutique le célèbre monarque, de sorte que l'apparition de la personne royale dans l'humble maison de la rue Saint-Michel ne devait point paraître chose nouvelle aux yeux de Jasmin.

Or, peu de jours après l'anniversaire de son maître, messire Olivier entra, le crépuscule du soir étant venu, dans le magasin du pâtissier, où dame Sybille et son aide se trouvaient précisément à leur poste.

Après qu'il eut fait son choix de friandises, et que, muni d'une petite assiette de pâtés, il eut pris sa place accoutumée dans l'alcôve, Louis XI arriva tout à coup, accompagné d'un cavalier qui paraissait être un personnage considérable.

Le son de la voix du roi fut comme un coup de tonnerre pour les oreilles d'Olivier, qui prit au même instant son assiette à peine entamée et voulut s'esquiver par la porte donnant sur le corridor.

Mais, à son grand désespoir, il la trouva fermée au dehors au moyen d'un solide verrou. Que faire en cette circonstance critique ? N'ayant plus d'autre parti à prendre, il se glissa avec ses provisions sous le tapis qui recouvrait la table. Son cœur battait avec une violence extrême, et la sueur coulait à grosses gouttes le long de ses tempes et de ses joues. Quel motif le royal favori avait-il pour tant craindre de se voir surprendre par son maître en présence de quelques pâtés inoffensifs ? Y avait-il là de quoi tant s'émouvoir ? A ces questions que nous n'entreprendrons pas de résoudre ici, messire Olivier seul eût pu répondre. Mais on remarque assez fréquemment que des gens qui ne craignent pas de se charger, aux yeux du monde, des fautes les plus répréhensibles et des iniquités les plus criantes, montrent une honte inexplicable lorsqu'on les surprend à poser les actes les plus innocents par eux-mêmes.

Après avoir adressé à dame Sybille quelques paroles obligeantes au sujet du chef-d'œuvre que maître Escabeau avait produit quelques jours auparavant, le roi commanda les friandises qu'il voulait offrir à son compagnon et entra avec lui dans la chambrette qui était précisément inoccupée.

La pâtissière ne l'avait pas prévenu qu'il se trouvait déjà une personne dans l'alcôve, le prince, du reste, ne l'ayant pas interrogée à ce sujet. Aussi, fut-elle aux écoutes pour entendre sur quel ton messire Olivier saluerait les deux nouveaux venus et comment il s'excuserait d'être là. Mais elle fut complétement déçue dans son attente, et soupçonna qu'il devait avoir opéré sa retraite par la porte du corridor. Un peu curieuse de sa nature, comme sont la plupart des pâtissières, elle voulut éclaircir le fait. Elle chargea donc l'apprenti de porter au roi la petite pyramide de friandises que Sa Majesté avait choisies. Entré dans la chambrette, Jasmin ne fut pas médiocrement surpris de n'y trouver que deux personnages au lieu de trois qu'il s'attendait à y voir attablés. Comme il avait lui-même, à l'insu de dame Sybille, verrouillé du côté du corridor la porte de l'alcôve, il n'eut qu'un moyen de s'expliquer la disparition du petit homme noir, et il conjectura que messire Olivier devait s'être blotti sous la table. Aussi, en posant l'assiette devant le roi, fixa-t-il un œil scrutateur et narquois sur la frange du tapis.

Louis XI était d'un naturel trop soupçonneux et avait l'esprit trop habitué à faire attention au moindre geste, au moindre signe, au moindre mouvement des hommes en présence desquels il se trouvait, pour que le jeu de mine que Jasmin venait de faire lui eût échappé. Aussitôt il saisit d'une main le chandelier placé sur la table, et souleva de l'autre un coin du tapis, sous lequel il remarqua une masse noire, qui présentait une forme humaine et qui se prit à trembler de peur en se voyant subitement inondée d'un flot de lumière. Au premier moment, le roi éprouva un sentiment de terreur en apercevant cet homme caché en cet endroit et il faillit laisser échapper de sa main le chandelier. Mais cette terreur ne tarda pas à faire place à un sentiment d'une autre nature, et un grand éclat de rire sortit de la bouche royale.

Louis avait reconnu que cette masse noire n'était autre que messire Olivier qui gesticulait comme un écolier pris en flagrant délit d'espièglerie, et qui levait vers son maître ses deux mains toutes pleines encore de pâtés et de sucreries, en marmottant toute sorte d'excuses inintelligibles, tant la confusion le faisait balbutier.

— Ah ! maudit traître ! s'écria le roi en faisant subitement trêve à son rire et en simulant un air courroucé. Tu mériterais qu'avec mon épée je te misse à la broche ni plus ni moins qu'une grive. Par Notre-Dame d'Embrun, je ne doute point que tu n'aies eu, en te cachant là, quelque mauvais dessein contre ton seigneur et maître. Confesse bien vite la vérité, sinon j'ordonne qu'on te mette en marmelade ou qu'on t'aplatisse comme une feuille de papier. Pâques-Dieu ! comme je bénis tous les saints du ciel ! Comme je rends grâces au brave garçon que voici et qui, par le mouvement opportun de ses yeux, m'a rendu attentif au danger dont j'étais menacé.

— Sire, au nom du Ciel ! interrompit Olivier d'une voix tremblante en cherchant vainement un moyen de justification dans son esprit....

— J'en ai maintenant la certitude, continua le roi qui semblait prendre un malin plaisir à augmenter la confusion de son ex-barbier. Mon médecin Coitier est un merveilleux diseur de bonne aventure. Car il m'a prédit qu'un jeune garçon me sauverait d'un grand péril, et cette prédiction s'est accomplie à la lettre, pour peu que l'aide de maître Escabeau porte au bas du cou deux marques de naissance, deux lentilles brunes.

— O sire, reprit Olivier en travaillant des jambes et des bras pour sortir de dessous la table et en broyant dans ses mains des restes de pâtés et de sucreries, que Votre Majesté me fasse fouiller jusque sur la peau, et je consens à mourir, si l'on trouve sur moi autre chose que quelques

misérables écus. Je ne suis porteur de la moindre arme capable de faire
une égratignure à une pauvre souris...

— Tu as beau dire, mon compère, répliqua le roi sans défroncer le
sourcil ; on ne se cache pas sournoisement sous une table sans avoir
quelque intention maligne ou au moins suspecte.

— Vous pouvez m'en croire, sire, objecta le petit homme noir ; une
faim canine me prend quelquefois, et l'agréable parfum de cette boutique m'a sollicité à entrer ici. Quand j'ai entendu la voix de Votre
Majesté qui s'entretenait avec dame Escabeau, j'ai songé, comme c'était
mon devoir, à faire place à mon roi et à me retirer par la porte que
voilà. Mais, l'ayant trouvée fermée pour mon malheur, je n'ai eu
d'autre parti à prendre que de me cacher sous cette table, me disant,
dans l'innocence de mon âme, que mon très-gracieux seigneur pourrait
désirer garder l'incognito en entrant dans une maison de si peu d'apparence. Au surplus, Votre Majesté peut en être bien convaincue, j'étais
auprès de mon roi bien-aimé comme un ange invisible ; et, loin de le
mettre en quelque danger, je donnerais volontiers ma vie pour sauver
la sienne.

— Allons donc, maître Olivier ! s'écria Louis en se mettant à rire
aux éclats. Un bon ange ? toi ? Comme si tu ne savais pas aussi bien
que moi-même qu'on a eu raison de te gratifier du surnom de Diable !
Mais, voyons, j'accepte pour cette fois ta justification et je te pardonne
d'avoir joué un peu à cache-cache. Cependant hâte-toi de déguerpir,
et va-t'en apaiser ta faim canine où il te plaira.

A peine le roi eut-il dit ces mots, que messire Olivier, en faisant
force révérences, se dirigea à reculons vers l'entrée de l'alcôve et
partit, non sans avoir lancé à Jasmin un regard oblique, où se peignaient
la haine et la colère.

⁂

VII. — LE CHATEAU DE LOCHES.

Hugo, autrement dit Jasmin, devait bientôt apprendre à ses dépens
toute la portée du regard menaçant que l'ex-barbier du roi lui avait
lancé. Car maître Olivier avait non-seulement à tirer vengeance des
coups de gourdin qu'il avait reçus, certain soir, dans la personne d'un
de ses valets, mais encore à se venger de la trahison dont il avait été
victime dans la chambrette des friands.

Il y avait de l'orage dans l'air, et il ne pouvait manquer d'éclater
prochainement.

Peu de jours après la plaisante rencontre du roi et d'Olivier dans la maison de maître Escabeau, Hugo avait été chargé par son patron d'une commission à une heure assez avancée de la soirée. Comme il revenait, il fut inopinément assailli dans l'obscurité, à l'angle d'une des étroites ruelles qui affluaient alors vers la rue Saint-Michel. Un inconnu se précipita sur lui et lui colla sur le visage une large emplâtre de poix qui lui ôta la vue en même temps que le pouvoir de crier. Il faillit même étouffer sous ce masque horrible, qui lui couvrait la figure de haut en bas et l'empêchait de respirer par la bouche ou par le nez. Dans cette position désespérée il fit des efforts inouïs pour se débarrasser de cet effroyable bandeau; mais il n'y réussit point. Du reste, on ne lui laissa guère le temps ni la liberté de se retourner; car il se sentit, presque immédiatement après, enlever par deux bras vigoureux, porter à quelque distance de l'endroit où on l'avait arrêté, et déposer sur un banc de bois dans un lieu dont la sonorité lui fit conjecturer qu'il se trouvait dans une chambre voûtée. Il était sur le point de suffoquer, lorsqu'heureusement on lui enleva l'emplâtre qui, pendant une ou deux minutes, lui avait entièrement coupé l'haleine.

Alors il se mit à aspirer l'air à pleins poumons, comme un homme à demi noyé qui revient sur l'eau, et regarda autour de lui avec une curiosité mêlée de surprise. D'abord, il lui fut impossible de comprendre où il était; car il se vit dans une chambre assez spacieuse, mais froide, humide, tristement éclairée par une lampe suspendue au plafond. Cette salle était fermée par une petite porte cintrée, bardée de lames de fer et semée d'une grande quantité de gros clous, qui y formaient des dessins bizarres. A sa droite et à sa gauche Hugo aperçut deux hommes, dont l'un achevait de lui ôter le masque de poix, et dont l'autre tenait un bâillon qu'il glissa dans la bouche du prisonnier immédiatement après que son compagnon eut fini de lui dégager le visage. Tout cela avait été l'affaire de quelques secondes, si bien que l'enfant crut un moment qu'il rêvait. Mais il ne tarda pas à se convaincre qu'il était en présence d'une affreuse réalité; car l'un des deux mystérieux personnages lui mit au même instant une main sur l'épaule, et lui dit avec un horrible ricanement:

— A présent, mon garçon, nous allons régler nos comptes. Je veux, en bon débiteur, te restituer la volée de coups de bâton de l'autre soir, capital et intérêts.

A ces mots, il prit un gourdin, appuyé dans un des coins de la salle, et commença à frapper Jasmin avec tant de violence qu'il faillit lui casser les reins. Les coups tombaient comme grêle, et l'enragé bâtonniste semblait ne pouvoir assouvir sa fureur. Il fallut que son compagnon, ému de pitié, lui arrêtât les bras pour l'empêcher d'assommer le pauvre prisonnier. Celui-ci paraissait tout brisé. Haletant, les forces épuisées et ne pouvant pas même, à cause du bâillon qui lui fermait la bouche, crier pour donner en quelque manière une issue à la douleur qu'il endurait, il s'affaissait déjà sur lui-même, et semblait près de succomber sous l'arme de son terrible adversaire. Heureusement, grâce à l'intervention du compagnon du bourreau, le bâton cessa de manœuvrer, et l'aide-pâtissier put respirer un instant.

Il eût pu s'estimer heureux, si la correction se fût arrêtée là. Mais, avant qu'il eût repris entièrement ses sens, on lui jeta sur la tête un énorme capuchon noir. Après quoi, on l'enleva de nouveau pour le porter dans une cour où on le fourra, comme un paquet, dans une charrette couverte et attelée, qui partit au même instant au grand trot.

Où cette charrette allait-elle? Hugo ne put le comprendre ni le deviner.

Après un voyage long et pénible, durant lequel il ne lui fut permis de mettre pied à terre que lorsque le véhicule traversait quelque forêt ou quelque plaine déserte, il jugea un matin, d'après le bruit sonore produit par le roulement de la voiture, qu'elle passait sous plusieurs voûtes. En effet, on fit halte dans une vaste cour, entourée de tous côtés de murailles hautes et noires. On était arrivé au terme du voyage. Alors une des gardiens du prisonnier lui ôta le capuchon et le fit descendre de la charrette. Puis une espèce de geôlier l'introduisit dans une salle basse et assez spacieuse, lui fit apporter un morceau de pain et une cruche d'eau, et lui indiqua un tas de paille amassée dans un coin et destinée à lui servir de couche. Après quoi, il se retira sans avoir prononcé une seule syllabe, et ferma la porte à double tour.

Hugo était tellement épuisé, qu'il n'eut pas la force de se demander si les événements qui s'étaient passés depuis le soir de son enlèvement dans la rue Saint-Michel, étaient des réalités ou les effets d'une hallucination prolongée. Il n'en pouvait plus de fatigue; car il avait subi, pendant plusieurs jours et plusieurs nuits, le cahottement de la charrette dans laquelle on l'avait jeté et qui l'avait transporté à l'endroit où il était maintenant. Aussi, après avoir absorbé quelques bouchées de pain et quelques gorgées d'eau, se laissa-t-il tomber sur le tas de paille, où il ne tarda pas à s'endormir d'un profond sommeil.

Combien de temps il dormit, il n'aurait pu le dire; car rien ne lui permettait de juger à peu près l'heure qu'il était au moment où il se réveilla. Seulement il remarqua que la salle était beaucoup plus obscure qu'elle ne l'avait été au moment où il y était entré; et, voyant une faible lueur se projeter au plafond par une espèce de petite meurtrière pratiquée dans la partie supérieure du mur, il jugea que c'était le reflet d'un dernier rayon du jour. L'obscurité était déjà si complète à l'endroit où il était couché, qu'il eut quelque peine à retrouver, en tâtonnant, les restes de son pain et sa cruche d'eau. Il éprouvait une faim et une soif dévorantes. Après avoir apaisé l'une et l'autre, il se recoucha sur le tas de paille.

Mais, au moment où il allait se rendormir, il crut entendre tout à coup, dans un des coins de la salle, plusieurs gémissements prolongés, auxquels succéda une conversation que deux hommes invisibles engageaient à voix basse. Le ton mystérieux de cet entretien et l'accent lamentable des deux interlocuteurs eussent, en toute autre circonstance, excité sa curiosité peut-être et fait naître en lui une profonde commisération sans doute. Pourtant dans la situation où il se trouvait, il avait assez de son propre malheur, pour se préoccuper de celui des autres. Aussi, sans plus faire attention aux voix mystérieuses qu'il ne cessait d'entendre chuchoter, laissa-t-il retomber sa tête et s'abandonna-t-il au sommeil.

L'épouvante et la terreur qu'il éprouva, le lendemain, à son réveil, en furent d'autant plus grandes, quand il aperçut, à la lumière matinale qui se projetait par la meurtrière, deux énormes cages, faites de solives de chêne, bardées de grosses plaques de fer et posées sur des roulettes semblables à de petites roues. Elles étaient placées dans les deux angles les plus reculés de la salle, et chacune d'elles contenait un prisonnier. L'un et l'autre étaient des dignitaires éminents de l'Eglise et se trouvaient sous le poids d'une accusation de haute trahison ; car ils avaient entretenu des intelligences coupables avec le duc de Bourgogne et les autres grands vassaux qui conspiraient contre le roi. Le premier était le cardinal Jean la Balue, évêque d'Angers ; le second, Guillaume de Haraucourt, évêque de Verdun. Tous deux avaient compté naguère parmi les conseillers intimes du monarque ; et, depuis trois ans, ils étaient détenus dans ces cachots, uniques en leur genre et si dignes du prince cruel qui les avait fait construire. Il n'avait pas tenu à Louis XI que ces traîtres, comme on disait, n'eussent, ainsi que tant d'autres grands seigneurs convaincus du même crime, payé de leur tête l'accusation mise à leur charge ; mais il n'osa leur faire régulièrement leur procès, la cour de Rome s'y étant opposée, parce que, selon les lois de l'Eglise, ces prélats ne pouvaient être jugés par l'autorité séculière. Il avait donc reculé devant l'idée de les faire périr par le glaive du bourreau, et s'était contenté de les enfermer chacun dans une de ces fameuses cages de fer, dont l'invention est attribuée au cardinal de la Balue lui-même et dont le roi, dit-on, dessina de sa propre main le modèle.

Hugo, dont la captivité était incomparablement plus douce que celle des deux autres prisonniers, se sentit ému d'une grande compassion pour eux. Sa pitié se fit un saint devoir de se manifester par toute sorte de petits services qu'il rendait à ces infortunés. Il fallait voir comme il s'ingéniait à trouver le moyen de leur être agréable, à leur prêcher la résignation par son exemple, à les égayer même par quelque naïveté quand il les voyait tomber dans l'abattement !

A l'instar de Joseph, fils de Jacob, dont sa mère lui avait souvent raconté la touchante histoire, il ne tarda pas à gagner la bienveillance du geôlier par la soumission qu'il montrait en toutes choses, par sa douceur et sa prévenante affabilité. Comme il ne témoignait pas le moindre désir de sortir de sa prison, ni ne faisait la moindre tentative pour s'échapper, le capitaine du château de Loches (car c'est dans cette forteresse qu'il se trouvait) lui laissa peu à peu la liberté de circuler dans l'intérieur des bâtiments, et lui permit même de prendre part à quelques-uns des travaux les moins difficiles du ménage. En cela, l'expérience qu'il avait acquise dans le laboratoire de maître Escabeau lui fut du plus grand secours, et il trouva bientôt moyen de se rendre presque indispensable au cuisinier du châtelain en façonnant toute sorte de pâtisseries, qui, à la vérité, eussent figuré avec peu d'avantage dans la boutique de dame Sybille, mais que le capitaine de la citadelle de Loches n'en trouvait pas moins exquises.

Cependant le prisonnier était beaucoup moins résigné à son sort qu'il ne paraissait l'être; il était loin d'avoir renoncé au désir de s'évader, au point de ne pas saisir la première occasion de recouvrer sa liberté. Cette occasion, il la trouva un jour. Il s'empressa de la mettre à profit, et parvint heureusement à s'échapper, si hauts et si solides que fussent les remparts du château et si bien que veillassent sur leurs prisonniers les hommes d'Olivier le Daim, ou le Diable, qui portait le titre officiel de commandant de Loches.

Ce fut vers la fin du mois de juillet, c'est-à-dire quatre mois après son départ de Carlat, qu'Hugo entreprit sa périlleuse évasion. Grâce à la liberté qu'on lui laissait de circuler partout dans l'intérieur de la citadelle, et à la permission qu'il avait d'aller recueillir, soit le long du rempart, soit dans le jardin, les plantes aromatiques dont il avait besoin pour la confection de certain genre de pâtisseries, il était connu de tous les soldats de la garnison et s'était si bien familiarisé avec eux qu'ils avaient fini par ne plus faire attention à lui. Il ne manqua pas de profiter de cette confiance, pour prendre une exacte connaissance des lieux, et surtout pour étudier les parties des remparts qui étaient moins surveillées et qui se prêtaient le mieux à la tentative qu'il projetait. Quand il eut dans sa tête tout le plan du château et qu'il en connut parfaitement tous les côtés faibles et tous les points par où une descente était impossible, il prit son parti.

Une nuit, comme l'obscurité était profonde et qu'une grosse pluie d'orage tombait, mêlée de quelques lointains coups de tonnerre, il se glissa en silence vers la région occidentale des remparts. Il s'était muni d'un gros clou et d'un bout de corde qu'il avait enlevé dans le préau et qui servait à sécher le linge du capitaine. Fixer ce clou entre les briques du mur, y attacher cette corde, se laisser glisser au pied de la muraille, et franchir le fossé à la nage, ce fut l'affaire de quelques minutes.

Hugo était libre.

Il ne sut d'abord de quel côté tourner ses pas. Mais, après avoir réfléchi un instant, il songea que le plus prudent serait de prendre une direction opposée à celle dans laquelle on devait supposer qu'il s'était enfui, à en juger d'après le point où il avait opéré son évasion. Il décrivit donc un arc de cercle autour du château et ne tarda pas à se trouver au bord de l'Indre, fort basse en ce moment à cause de la saison. Ayant passé cette rivière, il se mit à courir, ne s'arrêtant que par moments pour reprendre haleine, et se remettant ensuite à courir de plus belle. Avant le lever du jour, il atteignit l'extrémité septentrionale de la forêt de Loches, qui touchait, à cette époque, aux environs du village de Chédigny sur l'Indrois. Là, il s'arrêta jusqu'au retour de la nuit.

Le moment ne pouvait être mieux choisi pour un voyage du genre de celui qu'Hugo venait d'entreprendre. On était en plein été, de sorte que le fugitif trouvait, pendant le jour, un asile sûr dans les bois ou sur les branches des arbres, qu'il pouvait marcher et gagner du terrain pendant la nuit, et que les fruits des champs et des forêts abondaient partout pour apaiser sa faim. Cependant il allait au hasard, évitant avec soin les villes et les villages, cheminant avec la plus grande précaution, passant à la nage les rivières qu'il rencontrait, s'arrêtant parfois au bruit lointain des pas d'un cheval, mais avançant toujours, plein de confiance en Dieu ; car il lui semblait que Dieu ne pouvait l'abandonner.

Une nuit, il avait atteint de cette manière le voisinage d'une ville, assez importante. L'aube étant près de paraître, il n'osa marcher plus avant, il se blottit aussi bien qu'il put entre les branches d'un gros chêne planté non loin de la grand'route. Mais à peine s'y fut-il installé qu'il entendit passer au pied de l'arbre deux villageois qui avaient l'air de s'entretenir de quelque événement extraordinaire, comme permettaient de le croire l'animation qui régnait dans leur colloque et les fréquentes exclamations qu'ils y mêlaient. Hugo prêta donc l'oreille pour entendre de quoi ils parlaient, et il comprit bientôt qu'il s'agissait de la présence de Louis XI dans la ville voisine, qui n'était autre qu'Alençon, capitale du duché-pairie de ce nom. A cette nouvelle, il ne se sentit pas de joie, et il y vit un signe manifeste de la Providence. Car il était fondé à espérer de rencontrer son oncle Coitier auprès de la personne du souverain, et de trouver chez le mire une protection dont il avait besoin plus que jamais. Il pouvait même, si les circonstances l'exigeaient, invoquer sa qualité d'ange protecteur du roi, et, qui sait? parvenir peut-être à obtenir justice des violences que l'ex-barbier, maître Olivier le Diable, avait exercées sur lui.

Dans sa naïveté d'enfant, il alla jusqu'à se dire :

— Si le roi fait sentir tout le poids de sa puissance aux grands seigneurs, il se montre d'autant plus gracieux et plus indulgent envers les bourgeois et les humbles campagnards. Je puis donc être certain qu'il m'écoutera et me fera rendre justice. Au surplus, lorsque je me présenterai devant lui, j'aurai soin de me découvrir entièrement le cou, afin qu'il voie les deux marques de naissance que je porte et me reconnaisse immédiatement.

Il ne se trompait pas en disant que Louis XI sévissait sans pitié contre les grands du royaume. En effet, le roi n'épargnait ni ses vassaux les plus puissants ni les membres de sa propre famille pour parvenir au but qu'il poursuivit pendant tout son règne, c'est-à-dire l'établissement de la monarchie absolue en France. Mais, avant d'employer contre eux la force ouverte, il mettait en œuvre toute sorte de ruses et de subterfuges pour les affaiblir et les isoler de leurs complices ou de leurs alliés. Puis tout à coup il fondait sur eux et les anéantissait.

Au nombre des princes que Louis venait précisément de renverser de cette manière, se trouvait René, duc d'Alençon. Après avoir fait saisir ce seigneur par Tristan l'Ermite, il avait ordonné qu'on l'enfermât au château de Roche-Corbon, près de Tours, et que l'on commençât immédiatement son procès. Mais l'impatience du roi ne put attendre que le Parlement eût prononcé sa sentence. Devançant le jugement de cette assemblée, et s'appuyant sur un arrêt de confiscation déjà prononcé en 1458 contre le duc, il s'était rendu en Normandie, vers le commencement du mois d'août 1473, pour prendre possession des seigneuries de René.

C'est de cette apparition du souverain dans l'ancienne capitale du duché-pairie d'Alençon qu'Hugo avait entendu s'entretenir les deux villageois qui passaient dans le voisinage du chêne sur les branches duquel il s'était installé.

Aussitôt son parti fut pris. Il laissa s'éloigner les deux hommes, descendit de l'arbre et s'achemina vers la ville, aux abords de laquelle s'était déjà réunie une multitude de gens qui étaient accourus des villages voisins et attendaient que la porte s'ouvrit. Le nombre en était d'autant plus considérable que c'était précisément un dimanche, celui du 8 août 1473.

Vers cinq heures le pont-levis s'abaissa, la herse se leva, et la foule entra dans la ville.

Hugo n'eut qu'à suivre le courant du peuple pour se trouver, au bout d'une demi-heure, devant le palais ducal où le roi avait pris son logement.

Là il entendit que Louis se disposait à quitter Alençon, de sorte qu'il ne put assez se féliciter d'être venu à temps. Une heure plus tard, et toutes ses espérances eussent été déçues; car les équipages de la cour étaient déjà réunis devant le palais, et la présence de plusieurs chevaux sellés et bridés attestait que le royal voyageur était sur le point de se mettre en route avec les seigneurs de sa suite.

Après quelques minutes de pénible attente, Hugo vit enfin apparaître le roi qui s'arrêta un instant sur le seuil de la porte pour saluer la foule, puis, saisissant la bride de son cheval, se mit en devoir de monter en selle.

En ce moment, l'enfant, qui était parvenu à se glisser au premier rang des curieux et dont les yeux avaient cherché vainement son oncle dans l'entourage royal, s'élança comme une flèche au milieu des seigneurs de la cour et heurta avec tant de violence la personne du souverain qu'il le força de reculer de cinq ou six pas et faillit même le renverser. Cet acte d'étourderie provoqua un cri général d'indignation parmi les assistants, et les compagnons du monarque y virent un cas de véritable lèse-majesté. Mais, avant qu'aucun d'eux eût pu s'emparer du coupable, un autre événement plus terrible répandit l'effroi dans la multitude. En effet, une énorme pierre se détacha, au même instant, de la façade du palais et vint tomber si près du roi qu'elle déchira la manche de sa robe de camelot et que lui-même disparut pendant quelques secondes dans un épais nuage de poussière, de plâtras et de chaux.

Le premier mouvement de Louis, après avoir si miraculeusement échappé au danger qu'il venait de courir, ce fut de faire le signe de la croix, de se jeter à genoux, au milieu des cris d'épouvante que poussait la foule et de l'agitation qui régnait parmi les gens de sa suite, de baiser la terre et de toucher la pierre tombée, en faisant vœu de la porter ainsi que sa robe déchirée, à l'église du Mont-Saint-Michel en témoignage de pieuse reconnaissance. Après quoi seulement il songea à s'enquérir des causes de l'accident dont il avait fallu devenir victime et qui pouvait très-bien avoir été le résultat d'un calcul criminel.

Il interrogea d'abord notre ami Hugo, dont quelques hommes de sa suite venaient de s'assurer.

— Sire, répondit l'enfant sans manifester la moindre inquiétude, ayant par hasard levé les yeux vers l'étage supérieur du château, j'aperçus, à une fenêtre placée juste au-dessus de la porte, un seigneur et une dame qui assistaient de là au départ de Votre Majesté. Je remarquai, en même temps, que la balustrade de la fenêtre au bord de laquelle ils s'appuyaient commençait à céder et que tous deux, après avoir fait d'inutiles efforts pour l'empêcher de tomber, se retiraient précipitamment, et avec un mouvement d'effroi, pour ne pas être témoins du terrible malheur qui devait arriver. Il n'y avait pas une seconde à perdre. Il était trop tard pour avertir Votre Majesté par un cri, et il ne me restait d'autre parti à prendre, pour sauver sa personne sacrée, que de m'élancer de son côté et de la repousser de l'endroit où elle aurait été infailliblement écrasée. Voilà ce que j'ai fait, sire.

— Par la Pâques-Dieu, tu as très-bien fait, mon garçon, repartit le roi avec une visible satisfaction ; et tu t'es acquis des droits éternels à notre reconnaissance. Aussi, dis-moi, qui es-tu ? et qui t'a amené ici ? Mais, Dieu me pardonne, ne vois-je pas au bas de ton cou les deux lentilles brunes auxquelles, selon la prédiction de Coitier, je dois reconnaître mon ange gardien ? Serais-tu par hasard le garçon que mon mire sauva des mains de Tristan il y a quelque trois mois ? C'est bien toi-même, n'est-ce pas ?

— Oui, sire, c'est moi-même, répondit Hugo.

— O Coitier, mon ami, s'écria Louis tout transporté de joie, quel dommage que tu ne sois pas auprès de nous en ce moment ! Comme tu serais fier de ta merveilleuse science ! Cependant, mon enfant, ajouta-t-il, raconte-moi comment tu es venu par ici.

Hugo sentait trop bien qu'il pouvait compter sur la protection du roi pour ne pas lui faire le récit de son mystérieux enlèvement, de sa détention au château de Loches, et de la manière dont il s'était évadé de sa prison. Tout succinct qu'avait été le récit, le roi en avait assez entendu pour froncer les sourcils et ordonner à un de ses serviteurs d'appeler maître Olivier. Celui-ci s'étant approché au même instant, le monarque lui demanda d'un ton courroucé :

— Hé, compère Olivier, si je t'ai nommé commandant de mon château de Loches, est-ce pour que tu enfermes un innocent apprenti pâtissier et surtout un garçon marqué de ces benoîtes lentilles brunes ? Voyons, qu'as-tu à me dire pour ta justification ?

— Sire, que Votre Majesté daigne me pardonner, repartit le petit homme noir en rougissant jusque dans le blanc des yeux. Je me reconnais coupable, trois fois coupable. Seulement j'ai cru devoir administrer à ce garçon une petite correction pour une couple de méfaits qu'il avait à sa charge, et de cette leçon il aura profité, j'espère. Du reste, je pense être en droit de réclamer une petite part du mérite qu'il a eu de sauver Votre Majesté du danger qu'elle a couru

— Comment ! s'écria le roi étonné de l'audacieuse prétention d'Olivier et curieux de savoir comment il la justifierait.

— Sire, répliqua l'ex-barbier sans se déconcerter, il est bien certain que, si je n'avais eu l'inspiration toute providentielle d'enfermer pour quelques jours ce garçon dans le château de Loches, il serait occupé, à l'heure qu'il est, dans l'officine de maître Escabeau, à piler ou à tamiser du sucre, à éplucher des oranges à ou peler des amandes, et il n'aurait pas été ici à point nommé pour empêcher un malheur irréparable.

Au langage effronté de son favori, Louis ne put se défendre d'un sourire et d'un hochement de tête.

Décidément maître Olivier avait gagné sa cause.

— Compère, reprit le roi d'un air moins refrogné, ta justification ne vaut pas un denier. Cependant nous voulons bien l'accepter pour cette fois. Mais, ajouta-t-il en reprenant sa mine sévère, sache bien que, dès ce moment, nous prenons ce garçon sous notre protection spéciale, et que celui qui se permettra désormais de le toucher, seulement du bout du doigt, aura affaire à nous. Que chacun se le tienne pour dit. Quant à toi, maître Olivier, nous t'enjoignons de le reconduire sain et sauf et honorablement où tu l'as enlevé. Tu lui ménageras un bon accueil chez son maître, le brave Escabeau qui est notre ami, et tu le justifieras de la longue absence qu'il a faite par ta faute. Pour nous, nous nous réservons d'accorder à celui qui nous a sauvé de male mort une récompense conforme à son mérite.

Ensuite il se fit amener les deux coupables, qui, en s'appuyant trop fort sur le rebord déjà un peu délabré de la fenêtre, avaient déterminé la chute de la pierre. On les avait trouvés dans l'intérieur du palais et reconnus immédiatement à l'émotion qu'ils manifestèrent : c'étaient un jeune page et une demoiselle d'honneur. En comparaissant devant le roi, ils tombèrent à genoux et protestèrent de leur innocence.

Louis XI avait cela de commun avec le lion qui n'aimait que la grande chasse et le gros gibier, et qu'il dédaignait la menue venaison. Aussi pardonna-t-il volontiers au page et à sa compagne, à condition qu'après un minutieux examen, la preuve de leur innocence fût acquise. Une instruction fut commencée aussitôt, et cette preuve en sortit pleine et entière.

Pendant que le roi prenait la route du Mont-Saint-Michel pour accomplir son vœu, Hugo se dirigea vers Paris en compagnie de maître Olivier. Chemin faisant, celui-ci témoigna à son jeune compagnon les attentions les plus prévenantes et mit tout en œuvre pour lui faire oublier les souffrances qu'il lui avait causées. Mais, quoi que fît le commandant de Loches, l'élève de maître Escabeau ne reprit point sa gaieté habituelle. Il se sentit mal à l'aise à côté du personnage abhorré qui lui servait de guide, et il était triste de se retrouver sur la route de Paris. Il serait bien plus volontiers retourné auprès de sa mère et de sa sœur, et, s'il n'avait craint d'encourir la disgrâce de son oncle, il n'aurait pas manqué de demander au roi la permission de reprendre le chemin de Carlat. A la vérité, en rentrant dans la maison de maître Escabeau, il fut reçu à bras ouverts par le pâtissier et par sa femme, qui, sur les recommandations de maître Olivier, redoublèrent d'égards pour leur élève. D'un autre côté, il ne songeait pas sans une certaine satisfaction à l'étrange incident qui avait eu lieu à Alençon et qui devait affermir plus que jamais le crédit de son oncle auprès du prince superstitieux qu'il servait.

Cependant rien n'y fit. Objet de la sollicitude presque paternelle que ses maîtres lui témoignaient, Hugo eût été heureux s'il avait pu l'être, éloigné depuis si longtemps de l'humble maison qui l'avait vu naître et où il avait laissé les seules affections qu'il portât dans son cœur. Tous ses rêves, toutes ses pensées l'y ramenaient chaque jour. Il y songeait sans cesse, et il en vint presque à oublier la récompense que le roi lui avait solennellement promise.

Obsédé de cette unique préoccupation, il ne pouvait manquer de trouver le temps d'une lenteur désespérante et les jours d'une longueur démesurée. En un mot, il s'ennuyait. Mais le temps n'en marchait pas moins, et les jours ne se succédaient pas avec une moindre rapidité. L'hiver s'écoula, le printemps vint, et le mois d'avril 1474 arriva, de sorte qu'une année tout entière était passée depuis que le pauvre garçon avait quitté sa rustique demeure de Carlat.

Heureusement un événement extraordinaire se préparait, qui devait faire diversion aux idées noires qui tourmentaient l'esprit d'Hugo.

Dès les premiers jours du mois où l'on venait d'entrer, on eût eu de la peine à trouver dans Paris un tailleur ou une couturière qui ne fût surchargée de besogne et ne passât le jour et la nuit à travailler. Pas une maison où les aiguilles ne fussent à l'ouvrage depuis le matin jusqu'au soir. Dans celle de maître Escabeau, dame Sybille était vaillamment à l'œuvre avec deux tailleuses qui l'aidaient à découper et à coudre deux hoquetons de serge rouge, que le pâtissier et son aide étaient appelés, par intervalles, à venir essayer.

Hugo se cassait la tête à chercher dans son esprit à quel usage et à quelle occasion ces vêtements étranges devaient servir.

Quand les deux casaques se trouvèrent terminées et qu'elles eurent été complétées par une croix d'étoffe blanche cousue à l'épaule gauche, maître Escabeau, qui n'avait pas desserré les dents jusqu'alors, tira d'une vieille armoire deux pertuisanes rouillées, et, remettant à son élève celle qui avait le plus souffert de l'humidité :

— Tiens, Jasmin, lui dit-il, va me polir ceci, et fais en sorte que tu en retires de l'honneur. Car le roi, notre gracieux seigneur, a ordonné, pour demain, 16 avril, une montre générale des habitants de Paris qui sont en état de porter les armes. Il désire que nous soyons tous uniformément vêtus, c'est pourquoi je n'ai pas reculé devant la dépense de ces deux superbes hoquetons rouges. Quand nous fûmes passés en revue il y a sept ans, chacun vint habillé à sa fantaisie parce qu'il ne s'agissait alors que d'inspirer une crainte salutaire aux ennemis du roi en leur montrant une armée uniquement composée de Parisiens et prête à entrer en campagne. C'est grand dommage que tu n'aies pas vu cela, mon garçon. C'était le 14 septembre 1467, et je m'en souviendrai toute ma vie ; car, vrai, je ne figurais pas trop mal dans la cavalerie qui se montait, à elle seule, à plusieurs milliers d'hommes. Depuis cette époque la population de la ville s'est bien accrue, de sorte que le roi peut compter aujourd'hui sur une armée bien plus considérable que celle d'alors. Demain il sera question d'inspirer du respect aux ambassadeurs du roi Juan d'Aragon, et nous ferons, j'espère, notre possible pour y réussir.

En effet, le lendemain, Paris offrit un spectacle militaire comme il n'en avait jamais présenté jusqu'alors. Dès le matin le bruit des tambours et le son des trompettes avaient retenti dans tous les quartiers de la ville ; et, vers dix heures, environ cent mille hommes, âgés de seize à soixante ans, se trouvaient rangés en ordre de bataille depuis la porte du Temple jusqu'à l'abbaye Saint-Antoine ; de là à la Grange de Reuilly et à Conflans : puis la file revenait par la Grange-aux-Merciers, le long de la Seine, jusqu'à la tour de Billy et la Bastille. A la vérité, cette multitude, généralement peu exercée aux armes, était loin de fournir l'apparence d'une armée ; mais le nombre des hommes dont elle se composait ne manquait pas de lui donner un aspect formidable.

En ce moment, le roi, monté sur un superbe cheval et accompagné d'une suite brillante, au milieu de laquelle chevauchaient les ambassadeurs aragonais, parut à la tête de cette immense ligne de bataille, et commença à l'inspecter en filant au trot devant le front de bandière. Sans rien trahir de ce qui se passait en lui, il éprouvait un plaisir secret à voir l'effet que cette montre produisait sur les envoyés espagnols, auxquels il lançait par intervalles un regard oblique et scrutateur. Mais tout à coup il arrêta son cheval et porta la main à son front comme si un souvenir endormi se fût subitement réveillé dans son esprit. Seulement ce fut l'affaire de deux ou trois secondes ; car il reprit immédiatement son air froid et impassible, et poussa son cheval en avant.

Ce qui avait frappé le roi, c'était le souvenir de l'incident d'Alençon, qu'avaient fait renaître en lui la vue de maître Escabeau et surtout celle d'Hugo, qui, revêtu de son hoqueton rouge et armé de sa pertuisane luisante comme une lame de cristal, présentait, malgré son jeune âge, un air singulièrement martial. Au moment où Louis eut reconnu le visage de l'apprenti pâtissier, il s'était rappelé qu'il lui devait toujours la récompense promise, l'année précédente.

Préoccupé du soin d'acquitter cette dette sacrée, il chargea, dès son retour au palais, maître Coitier de faire parvenir à Hugo Michelet un rouleau de cent pièces d'or, outre une lettre patente qui lui donnait le droit de demander une faveur quelconque à son souverain. Le mire, comme on le comprend aisément, n'eut rien de plus pressé que de porter lui-même à la rue Saint-Michel ce double témoignage de la gratitude royale. Il ne put assez féliciter son neveu sur la bonne fortune qui lui arrivait. Mais surtout il ne put assez le louer quand l'enfant le supplia de faire parvenir cet or à sa mère et de garder lui-même la lettre royale pour n'en faire usage que lorsqu'une occasion favorable se présenterait. Cette occasion Hugo l'attendit longtemps, mais elle finit par se présenter comme nous le verrons plus tard.

VIII. — LE SIÉGE DE CARLAT.

Coitier avait été excellent prophète en prédisant à sa sœur, lors de sa dernière visite à Carlat, que les Nemours étaient sur un volcan qui paraissait tranquille au dehors, mais qui bouillonnait au dedans et se préparait à faire explosion. En effet, le glaive de la colère royale, depuis si longtemps suspendu sur la tête de Jacques d'Armagnac, s'était enfin résolu à frapper le grand coup. C'était au mois de mars 1476, au moment même où un des plus dangereux adversaires du roi, Charles, duc de Bourgogne entreprenait contre les Suisses cette guerre désastreuse dans laquelle il devait trouver la ruine de sa puissance et la mort.

L'histoire peut citer peu de princes qui aient mis plus de persévérance et d'esprit de suite que Louis XI à marcher vers le but qu'il voulait atteindre, c'est-à-dire l'établissement de l'unité du pouvoir en France. Certes, rien n'était plus difficile que de parvenir à substituer une autorité unique aux volontés personnelles et aux ambitions intéressées des grands vassaux de la couronne. Mais, si ardue que fût cette tâche, il ne s'en effraya point ; car la nature l'avait doué de cette patience qui sait attendre les occasions favorables pour renverser les obstacles, de cette perspicacité qui sait pénétrer les intentions les plus cachées, de cette ruse qui sait déjouer les trames les plus secrètes, de cette habileté qui sait manier les hommes à l'aide de leurs propres passions et même parfois diriger la marche mystérieuse des événements.

Dans la grande lutte qu'il entreprit contre les seigneurs pour les soumettre à sa suprématie, il ne pouvait songer à les attaquer tous à la fois. C'eût été s'exposer à se briser contre des forces qui, réunies, étaient supérieures à celles dont il disposait. Aussi se vit-il réduit à une guerre de ruses et de stratagèmes, et appliqua-t-il sa politique à semer et à entretenir la division entre ses adversaires, à les isoler successivement, à gagner les uns par les faveurs et la corruption, à enlacer les autres dans un réseau de trahisons, et à les abattre tour à tour quand s'offrait le moment propice. Les annales des peuples nous montrent par trop d'exemples que la politique ne s'accorde pas toujours avec les lois de la pure morale, et l'on doit blâmer celle que Louis XI suivit en plus d'une circonstance de sa vie, bien que l'histoire l'en absolve à raison du grand but qu'il atteignit et qui fut l'objet de tout son règne.

Il venait de renverser le duc d'Alençon ; il avait gagné à son parti le duc de Bretagne ; il voyait celui de Lorraine s'allier avec les suisses contre Charles de Bourgogne. Il crut alors le moment venu de briser le duc de Nemours, sauf à fondre un peu plus tard sur celui de

Bourbon, pour achever l'anéantissement des principaux seigneurs qui lui faisaient obstacle.

Donc au commencement de l'année 1476, il rassembla une armée dont il confia le commandement à son gendre, le sire de Beaujeu et qu'il lança sur l'Auvergne pour s'emparer du château de Carlat. La rapidité avec laquelle les forces royales se portèrent devant cette place fut si grande que Jacques d'Armagnac eut à peine le temps de réunir quelques hommes d'armes et de se mettre en état de défense. Elles n'eurent besoin que de quelques jours pour se retrancher solidement autour de la forteresse et préparer leurs travaux d'attaque. Dès ce moment la destinée de Carlat et celle du duc de Nemours furent décidées.

Le bourg se trouva bientôt en flammes, grâce à la nombreuse artillerie que le sire de Beaujeu avait accumulée autour de la place. Alors vint le tour du château lui-même.

Bâtie sur un rocher élevé et escarpé de trois côtés, ne communiquant avec les campagnes que par un sentier en zigzag pratiqué dans le basalte, cette forteresse présentait un aspect formidable par sa situation seule. Ses hautes et épaisses murailles, ses tours puissantes, ses créneaux de granit, ses herses faites de barres de fer épaisses comme des troncs de jeunes arbres et surtout la position où cet appareil gigantesque s'offrait à l'œil, semblaient faits pour défier à la fois les efforts du temps et des hommes. Cependant toute cette construction gigantesque ne put défendre le sire de Carlat contre les armes du roi.

Depuis plusieurs jours elle était ébranlée par le tonnerre des canons qui l'assaillaient de tous côtés, et par moments elle disparaissait dans un nuage de vapeur bleuâtre. De lourdes masses de fer frappaient sans relâche les remparts dont elles faisaient voler les pierres en éclats. D'autres tombaient dans l'intérieur de l'enceinte et ruinaient de fond en comble l'habitation ducale. L'édifice craquait de toutes parts sous cette pluie incessante de boulets. Par endroits, on voyait monter dans l'air des tourbillons de fumée noire, dans lesquels jaillissait de moment en moment une flamme rouge comme celle d'un incendie. Peu à peu ce foyer s'agrandit, et bientôt l'intérieur de la citadelle offrit aux yeux l'aspect d'un vaste brasier. La résistance de la garnison n'en continuait pas moins avec une opiniâtreté extrême. Elle était peu nombreuse, à la vérité; mais elle se multipliait derrière les créneaux, sur les remparts et sur les tours, et lançait de son côté une grêle de flèches sur les assaillants. C'était partout un mouvement et un tumulte effroyables, un horrible mélange de cris et de rage et de détonations d'armes. Néanmoins, au milieu de cette tempête, on ne cessait d'entendre la voix du duc de Nemours, qui, présent partout où le danger était le plus menaçant, encourageait les siens par son exemple, et les excitait, par la promesse de grandes récompenses à se défendre vaillamment.

Pendant ce temps, une scène moins tumultueuse, mais plus navrante, se passait dans un des souterrains les mieux abrités du château.

On y avait dressé à la hâte un lit de repos, sur lequel était couchée la duchesse Louise, pâle et défaite comme si elle était près de rendre l'âme. Auprès d'elle, se lamentait dans son berceau un enfant nouveau-né, qui par moments portait le poing à sa petite bouche et le suçait ou le mordillait, sa mère ne pouvant le nourrir. Autour du lit se pressaient, agenouillés et pleurant amèrement, les trois autres enfants de la dame de Carlat, qui se tordaient les bras à chaque détonation dont le bruit retentissait dans le sonore souterrain. Des nombreuses suivantes de la duchesse pas une n'était restée auprès d'elle, toutes ayant trouvé quelque prétexte pour s'éloigner à l'approche du danger et pour se mettre en sûreté.

Aussi la pauvre femme, dans l'horrible abandon où elle était, éprouvait-elle une indicible angoisse. Par intervalles elle promenait, avec une émotion impossible à exprimer, ses yeux ternes et presque éteints sur les têtes si chères qui l'entouraient; mais elle les fixait le plus souvent et avec le plus d'anxiété sur le berceau où son nouveau-né était couché. Enfin, elle rassembla toutes ses forces, et murmura d'une voix faible et presque mourante :

— Mes enfants, je sens que je n'ai plus longtemps à vivre. La crainte et l'anxiété me tuent. Mais vos cris et vos plaintes me brisent le cœur et m'empêchent de remplir mes derniers devoirs de mère envers le petit frère que le bon Dieu vient de nous envoyer. Je n'aurais aucune peur de la mort, si je ne devais vous laisser orphelins dans le monde, oui, orphelins, mes enfants bien-aimés. Car il me semble que je vois sans cesse passer et repasser devant mes yeux une tête, et cette tête a les traits de votre père. Si le malheur que je redoute depuis si longtemps doit arriver quelque jour, qui donc aura pitié du pauvre être que voilà? Qui sera son protecteur sur la terre? Cette pensée douloureuse, je n'ai pas la force de la supporter. O mes chers enfants, si vous voulez me rendre moins pénibles les derniers instants qu'il me reste à passer avec vous, permettez-moi de bien vous aimer les uns les autres, et de reporter sur votre petit frère, quand je ne serai plus, l'affection que vous aviez pour moi-même, de veiller sur lui et de sacrifier votre propre bien-être au sien. Posez vos mains sur la tête de cet enfant, qui s'appellera Riche-en-Deuil, et faites-moi, devant Dieu, la promesse que je vous demande.

Aussitôt les trois enfants s'approchèrent du berceau en sanglotant, et, posant doucement une main sur la tête de leur frère, qui tenait toujours le poing à sa petite bouche, ils firent la sainte promesse que leur mère venait de leur dicter. Ce fut une scène à la fois touchante et solennelle. Elle empruntait surtout quelque chose de lugubre au grondement des canons qui ne cessaient de tonner autour du château et qui prolongeaient leur bruit retentissant sous la voûte du souterrain.

Quand les enfants eurent pieusement satisfait au désir de la duchesse, elle reprit :

— Merci, mes enfants, merci. Vous me donnez une consolation dont j'avais grand besoin. Maintenant je puis me résigner à mourir.

— O bonne mère, vous ne pouvez songer à nous quitter ainsi ! exclama Jacques d'une voix entrecoupée de sanglots.

— Ni à nous laisser seuls, ajouta François non moins ému que son frère.

— Cela n'est pas possible. Dieu ne permettra pas qu'un malheur semblable nous frappe, continua Marguerite en serrant sur ses lèvres une des mains de sa mère et en la baignant de ses larmes.

— Mes enfants, le Ciel décidera de moi ce qu'il voudra, repartit la duchesse ; car nous sommes tous dans la main de Dieu. Mais je sens bien que mon heure dernière n'est pas éloignée...

Deux larmes, qui roulaient en ce moment sur ses joues amaigries, attestaient le déchirement de cœur qu'elle avait dû ressentir en prononçant ces paroles. Cependant, comme si elle n'eût pu détacher sa pensée de l'innocente créature qui ne cessait de se lamenter dans son berceau :

— Marguerite, dit-elle à sa fille, fais donc sucer un peu d'eau sucrée à ton petit frère ; car les cris de cet enfant me font mal.

Pendant que la jeune fille remplissait ce doux devoir, la malade laissa retomber sa tête sur l'oreiller et se dit en elle-même en joignant les mains :

— O mon Dieu ! peut-on être ainsi abandonnée du monde entier ? N'y a-t-il donc pas une âme compatissante qui puisse venir en aide à cette infortunée petite créature ?

En ce moment, comme si le Ciel eût exaucé le vœu de la pauvre mère, la porte du souterrain s'ouvrit, et la veuve Michelet, accompagnée de Toinette, s'avança tout essoufflée vers le lit où gisait la châtelaine de Carlat.

— Enfin voilà que je vous retrouve, ma gracieuse dame ! s'écria la veuve avec une expression de joie qui la rendait toute rayonnante. Pas un coin du château que nous n'ayons visité, ma fille et moi, pour vous chercher. Maintenant, au nom du Ciel, dites-moi en quoi je puis vous être utile. Ne me ménagez pas, je vous en conjure.

A l'apparition de la mère d'Hugo et de sa fille, un éclair de bonheur et d'espoir avait subitement illuminé le pâle visage de la duchesse.

— Chère Michelet, lui dit-elle d'une voix qu'elle s'efforçait de rendre assez intelligible pour que rien de ce qui lui restait à dire n'échappât de la brave femme, c'est Dieu qui vous envoie ici dans ce moment suprême. Voyez, je n'ai plus que peu d'instants à vivre. Vous, qui êtes si bonne mère, vous comprendrez tout ce qu'une mère doit souffrir à l'idée de laisser après elle ses enfants orphelins et sans défense sur la terre...

— Orphelins? sans défense? Oh! non, madame, nous n'en sommes pas là, répondit la veuve en se mettant en devoir d'apaiser la faim du nourrisson que la duchesse venait de recommander à la sollicitude de sa fille. Car, voyez-vous, le bon Dieu ne meurt pas, et monseigneur le duc est vivant encore. D'ailleurs, vous recouvrerez la santé, ma noble dame, et vous goûterez encore bien du bonheur auprès de vos enfants, croyez-moi....

— Ah! Michelet, interrompit la duchesse en soupirant du fond de sa poitrine, c'est votre cœur qui vous fait parler de la sorte, et non pas votre raison. Vous espérez pour moi, mais vous espérez en vain. Je ne me fais point illusion sur mon état. Je sens trop bien que mon sang se refroidit, que mes esprits s'éteignent et que ma vue s'affaiblit de plus en plus. Si vous voulez que je meure en paix, promettez-moi de servir de mère à mes enfants, surtout au pauvre innocent que voilà dans ce berceau. Promettez-moi cela, Michelet, et je mourrai plus tranquille et plus résignée....

— Madame, répliqua la vassale dont les yeux s'étaient remplis de larmes, soyez bien convaincue que vos enfants seront les miens et que je les aimerai plus que moi-même.

— Digne femme, vous êtes une âme choisie de Dieu, murmura la dame de Carlat avec une émotion qu'elle n'eut pas la force de maîtriser. Comme vous savez rendre le bien pour le mal! Vous avez perdu vos deux fils par la faute de mon mari, et voici que vous avez pitié de ses propres enfants!

En ce moment, la veuve, ne pouvant résister à un mouvement de son cœur, se pencha mystérieusement à l'oreille de la duchesse et lui souffla tout bas ces mots :

— Madame, écoutez bien. Mes fils ne sont pas morts tous deux. Mon Hugo vit toujours; et, s'il plaît à Dieu, vos enfants trouveront au besoin un puissant protecteur auprès du roi. Mon frère est le principal médecin de Sa Majesté, et rarement il repousse une de mes prières. Mais n'oubliez pas, de grâce, que je vous dis cela sous le sceau du plus grand secret.

— O! merci, mille fois merci de ce que vous me dites là, repartit la duchesse que les paroles de la veuve paraissaient avoir ranimée pour un instant. Quelle consolation vous me donnez! Maintenant je n'ai plus de crainte pour l'avenir, et je puis accepter sans murmure ce que Dieu décidera de moi....

Mais, comme si elle n'eût plus eu la force de supporter l'émotion produite en elle par la confidence qu'elle venait de recevoir, elle garda tout à coup le silence. Cependant elle ne cessait de promener avec une visible inquiétude ses regards sur chacun de ses enfants. Elle sentait trop bien que le regard donné à ces êtres chéris serait le dernier.

En effet, quelques secondes après, elle leur dit d'une voix lente et qui faiblissait de plus en plus :

— Approchez, mes enfants, que je vous donne le baiser d'adieu et que je vous bénisse avant de vous quitter.

Aussitôt les trois enfants, qui n'avaient cessé de pleurer et de sangloter au chevet de leur mère, s'empressèrent autour de la pauvre femme dont la pâleur était devenue effrayante, mais dont les yeux avaient pris un éclat extraordinaire. Elle les bénit l'un après l'autre, les baisa tour à tour, et essaya vainement de les serrer sur son cœur, ses bras étant déjà presque glacés par le froid de la mort. Cependant elle fit un dernier effort pour se soulever à demi et pour serrer ses lèvres sur le front du nourrisson que la veuve Michelet lui avait présenté.

— Pauvre petit ! pauvre petit ! balbutia-t-elle avec un sanglot qui était monté du profond de son cœur.

Puis, ramassant ce qui lui restait de forces :

— Enfants, ajouta-t-elle en entrecoupant d'un gémissement chacune des paroles qui sortaient de ses lèvres ; enfants, priez bien pour votre père, priez pour moi, priez pour votre petit frère et pour vous-mêmes.

Ces mots furent les derniers qu'elle prononça.

Les quatre enfants, — car Toinette se considérait déjà comme la sœur des jeunes princes et de la jeune princesse, — joignirent au même instant les mains et se mirent à prier avec une effusion si touchante que jamais peut-être oraison plus touchante n'était montée vers le ciel. En même temps, la mourante, essayant vainement de joindre aussi ses mains, aussi blanches et déjà presque aussi froides que l'albâtre, élevait mentalement son esprit vers Dieu.

Quand les enfants se relevèrent, ils poussèrent un cri de douleur. La duchesse était devenue immobile. Elle ne respirait plus que faiblement. Sa tête s'était affaissée dans l'oreiller, et ses yeux étaient presque éteints. Bientôt un dernier soupir s'échappa de ses lèvres, et elle ne donna plus le moindre signe de vie. Dans ce soupir l'âme de la pauvre mère s'était envolée vers le ciel, pour aller implorer la miséricorde de Dieu en faveur des orphelins qu'elle laissait sur la terre.

Au cri que les enfants avaient poussé succéda un silence de mort, qu'interrompait seulement par intervalles un sanglot échappé avec effort de la poitrine de l'un ou de l'autre des infortunés groupés autour des restes de la duchesse, ou le murmure d'une prière que chuchotaient leurs lèvres.

Mais ce silence lugubre fut troublé tout à coup par le grincement violent de la porte de fer qui défendait l'entrée du souterrain. Elle s'ouvrit avec fracas, et vous eussiez vu s'élancer dans le caveau le duc d'Armagnac qui, les cheveux épars, les vêtements en désordre et tout couvert de sang, se précipitait vers le lit de la morte en s'écriant avec un emportement voisin de la folie, sans s'apercevoir qu'il ne s'adressait qu'à un cadavre :

— Louise, tout est perdu ! Mes gens, ces lâches qu'ils sont, n'obéissent plus à mes ordres. Ils ont hissé le drapeau blanc, et menacent de me livrer aux troupes du roi, si je refuse de me rendre à discrétion. Que faut-il que je fasse ? Quel parti prendre ? Louise, parle ; parle au nom du Ciel, car tu es femme de bon conseil, et le temps presse.

— Monseigneur, interrompit en ce moment la veuve Michelet en sanglotant, notre gracieuse duchesse vient de rendre le dernier soupir.

— Oui, notre mère est morte ! morte ! ajoutèrent les trois enfants avec une angoisse impossible à décrire.

A ces mots, Jacques d'Armagnac s'arrêta comme frappé de stupeur, et demeura immobile comme une statue. Cet homme de fer, qu'on eût cru inaccessible à tout sentiment humain, devint pâle comme un linceul, et il ne trouva pas un mot à dire, comme s'il eût été anéanti devant le spectacle solennel de la mort. Comprenait-il enfin que la mort n'est pas le néant, et que la tombe est l'entrée d'un autre monde, où le bien trouve sa récompense et le mal son châtiment ? Quoi qu'il en soit, pendant quelques minutes, il regarda d'un œil fixe et hagard le corps déjà glacé de sa femme. Puis, comme s'il eût pris tout à coup une résolution désespérée, il se précipita hors du souterrain, se rendit aux capitaines du roi, et ouvrit la porte de la forteresse, à condition qu'il aurait la vie sauve ou, du moins, qu'il serait admis à se justifier du crime de conspiration qu'on lui imputait.

Par la soumission de ce puissant vassal, Louis XI avait triomphé d'un de ses adversaires les plus redoutables. Aussi put-il se démasquer dès ce moment. Déposant l'apparente longanimité dont il avait usé jusqu'alors envers le duc de Nemours, par crainte, plutôt que par bonté de cœur, il donna un libre cours à sa cruauté naturelle. Il commença par confisquer tous les biens de ce seigneur et les incorpora au domaine de la couronne. Quant au duc lui-même, il fut conduit à Vienne, en Dauphiné, incarcéré dans la tour de Pierre-Scise, et, comme tant d'autres prisonniers d'Etat, enfermé dans une de ces terribles cages dont nos jeunes lecteurs connaissent déjà la forme et l'usage par celles que nous leur avons montrées dans le château de Loches. A peine eut-il passé quelques jours dans ce cachot, que ses cheveux, dit-on, devinrent tout blancs comme ceux d'un vieillard. Peu de semaines après son entrée à Pierre-Scise, il fut transféré à Paris, où la Bastille de Saint-Antoine le reçut, en attendant que la justice royale prononçât l'arrêt de mort que le rebelle devait subir le 4 août 1477.

Pendant ce temps, la veuve Michelet, fidèle à la promesse qu'elle avait faite à la duchesse mourante, prodigua tous les soins d'une mère aux jeunes orphelins. Après avoir pieusement pourvu aux funérailles de la morte et fait conférer l'eau du baptème à Riche-en-Deuil, elle se consacra tout entière à la nouvelle famille que Dieu lui avait confiée, et s'appliqua, autant qu'il était en son pouvoir, à adoucir le sort de ces pauvres enfants. D'ailleurs, rien ne lui manquait pour faire face à tous leurs besoins; car son frère Coitier et son fils Hugo pourvoyaient amplement à tout ce qui lui était nécessaire. Avant même que le nouveau gouverneur, chargé par le roi du commandement du château de Carlat, y fût arrivé, elle s'était retirée dans la petite demeure qu'elle avait occupée jusqu'alors dans les dépendances du manoir, et s'était choisi une modeste habitation dans un des quartiers les plus reculés du bourg. Dans cette humble retraite, elle put se vouer de toutes les forces de son âme à l'accomplissement du saint devoir qu'elle s'était imposé. Sa fille Toinette l'y aidait avec tout le dévouement d'un cœur jeune encore, mais déjà formé à la grande école du malheur, fortifié par l'exemple de sa mère, et surtout animé de cet instinct du bien et de ces sentiments de vertu que la veuve n'avait cessé de développer dans cette enfant, sur qui, pendant si longtemps, toute son affection maternelle s'était concentrée.

Certes, l'excellente femme méritait bien que le Ciel lui donnât un de ces bonheurs dont une mère seule peut comprendre toute l'étendue. Il lui fut enfin donné de revoir son fils.

Elle avait dû renoncer à ce bonheur aussi longtemps que le duc de Nemours était resté libre; car le pauvre Hugo n'eût pu, sans s'exposer au plus grand danger, se hasarder à reparaître dans la maison natale. Mais, une fois Jacques d'Armagnac dépouillé de sa puissance et enfermé dans les prisons du roi, le fugitif put, avec l'assentiment de son oncle et de son patron, maître Escabeau, entreprendre le voyage de Carlat.

Quelle joie à son retour! Quelle allégresse dans la petite maison de la veuve, quand le jeune homme y reparut, devenu grand et fort, florissant de vie et de santé! Que de larmes de douce ivresse se mêlèrent aux embrassements du fils et de la mère et de la sœur! Que de bien elles leur firent après toutes les larmes d'angoisse que, pendant quatre longues années, ils avaient versées jour et nuit!

Aussi fallait-il voir le plaisir, nous dirions presque l'orgueil, avec lequel dame Michelet regardait son fils, et Toinette, son frère! Il fallait voir la touchante satisfaction avec laquelle Hugo trouva entre les mains de sa mère la majeure partie du rouleau de pièces d'or qu'il avait reçu du roi et qui devait, pour longtemps encore, la mettre, elle et sa famille adoptive, à l'abri du besoin! S'il lui avait fallu y joindre son sang, le brave garçon n'eût pas hésité une seconde. Si le vœu que la mère et la sœur avaient formé depuis si longtemps s'était enfin réalisé, celui du fils aussi avait reçu son accomplissement. L'honnête apprenti de maître Escabeau ne se sentait pas de bonheur, en songeant qu'il se retrouvait là, pour quelques jours, au milieu de ces êtres chéris vers lesquels sa pensée s'était reportée sans cesse pendant sa longue absence, et qu'il revoyait tous ces lieux si connus, où s'étaient écoulées les joyeuses années de son enfance. Heureux du présent, en le comparant au passé, il se prenait parfois à croire que les événements étranges, auxquels il s'était trouvé mêlé depuis son départ de Carlat, étaient autant de rêves bizarres ou de produits de sa propre imagination. Ce qui augmentait surtout la joie qu'il ressentait en se retrouvant sous le toit maternel, c'était de voir la maison si animée par la présence des enfants du duc; car ils paraissaient ne plus former qu'une même famille avec Toinette et la veuve, qui partageait indistinctement entre tous sa sollicitude et son affection.

Le petit Riche-en-Deuil, — que par abréviation, on avait commencé à appeler Riche, — était particulièrement l'objet des soins et de l'attention de ses frères et de sa sœur, comme de sa sœur et de sa mère adoptives. Il était en quelque manière un centre où venaient converger tous les sourires, toutes ces paroles douces et charmantes que le cœur invente pour ces êtres faibles et adorés dont la tombe est malheureusement si voisine du berceau. Quant aux autres enfants du duc, ils étaient loin de se sentir malheureux, malgré le brusque changement qui s'était opéré dans leur destinée. Au contraire, sans le deuil profond qu'avait laissé en eux la perte de leur mère, ils auraient été bien plus satisfaits dans l'humble condition où ils se trouvaient maintenant, qu'ils ne l'avaient été dans la position si splendide et si haute où ils avaient vécu naguère. Sous la bonne et affectueuse direction de dame Michelet, ils jouissaient d'une liberté que, dans la contrainte imposée par la vie seigneuriale, ils n'avaient jamais connue auparavant. Le terrible Lerreau n'était plus là pour les contrarier sans cesse, pour leur donner constamment des exemples de brutalité et les forcer à faire toute sorte de choses qui répugnaient à la bonté naturelle de leur cœur. Un sourire, un cri joyeux de leur petit frère leur causait bien plus de plaisir que ne faisait naguère un de ces bruyants festins qui se donnaient si fréquemment dans le château. La modeste mais saine nourriture que la veuve leur servait, ils la trouvaient plus agréable que les mets fins et recherchés dont la table ducale était toujours couverte. La sollicitude toute maternelle que dame Michelet et sa fille leur prodiguaient, ils la préféraient à l'empressement mercenaire des nombreux serviteurs dont ils étaient entourés à Carlat. Enfin, le calme et la tranquillité qui régnaient dans la modeste et solitaire habitation où ils étaient, avaient pour eux bien plus de charme que le bruit, le tumulte et l'agitation qui remplissaient jour et nuit le manoir paternel.

Cette vie si douce et si heureuse se continua pendant une année et plus. Durant ce temps, grâce aux cent pièces d'or qu'Hugo avait reçues du roi, ni le pain, ni le bois, ni l'huile n'avaient manqué dans la maison de la veuve, où le petit riche croissait en force et en beauté.

Vers la fin du mois de juillet 1477, il y eut une fête extraordinaire dans l'humble maison Michelet. Riche avait, pour la première fois, marché seul et parcouru, sans l'aide d'aucune main, toute la longueur de la chambre où se tenait la famille. Il eût fallu voir le charmant enfant avec ses joues toutes roses, avec sa petite bouche vermeille et souriante, où se montraient deux dents blanches comme des perles et qui commençaient à prononcer déjà fort distinctement quelques mots. C'était un tableau à peindre par Greuze ou par Wilkie, ces ravissants artistes qui ont su comprendre et traduire avec tant de charmes les scènes les plus naïves et les plus gracieuses de la vie de famille. A l'une des extrémités de la chambre, se trouvait la veuve tenant entre ses bras l'enfant debout sur ses deux petits pieds, tandis qu'à l'extrémité opposée, Toinette accroupie l'attendait, les bras ouverts, et l'agaçait au moyen d'une rose en s'écriant :

— Par ici, mon petit, par ici; cette fleur est à Riche, s'il vient la prendre.

— Va, mon garçon, va donc prendre cette jolie rose, disait dame Michelet en stimulant du geste l'enfant déjà si vivement excité par la vue de la fleur empourprée.

Aussitôt Riche, abandonné à lui-même, mais surveillé de chaque côté par un de ses frères et par sa sœur, se mit à marcher lentement et pas à pas. Il subit heureusement la difficile épreuve, et atteignit, tout triomphant, la rose, prix de sa victoire. En ce moment, un cri de joie éclata dans la maison.

Encouragé par cette explosion d'allégresse, par les applaudissements et les rires de satisfaction de la veuve et des enfants, Riche allait recommencer sa course en sens contraire.

Mais tout à coup quel changement complet de scène!

La porte s'ouvrit, et le nouveau capitaine de Carlat, accompagné d'un petit homme, qui avait un aspect sinistre, mais à qui il témoignait la soumission la plus respectueuse, se présenta à l'entrée de la chambre. Cette visite inattendue glaça tous les cœurs, assombrit tous les visages, fit taire toutes les bouches.

— Messire, les voilà, dit à son compagnon le commandant du château en lui désignant les enfants.

— Tous les cinq? demanda le petit homme avec étonnement en promenant un regard scrutateur sur la troupe enfantine.

— Non, trois ou quatre seulement, repartit le capitaine. Du reste, votre seigneurie peut interroger la femme que voilà.

— Femme, quels sont parmi ceux-là, les enfants de Jacques d'Armagnac, ci-devant duc de Nemours? demanda aussitôt à la veuve messire Olivier le Diable.

Car le compagnon du châtelain n'était autre que le redoutable compère du roi.

— Moi! répondit l'aîné des fils du duc, sans laisser à dame Michelet le temps de satisfaire à la question qui lui était adressée.

— Moi! ajouta le second.

— Moi! continua Marguerite d'Armagnac, et voilà notre frère Riche-en-Deuil.

Cette triple exclamation s'était échappée de la bouche des trois enfants, avant que la veuve eût pu placer une seule syllabe ni rassembler ses idées, tant l'apparition du capitaine et de l'ex-barbier royal l'avait troublée.

— Comment! s'écria Olivier avec un visible mécontentement en jetant les yeux sur le petit Riche. Ce marmot aussi? Ma foi, nous ferons un plaisant voyage avec un fardeau pareil.

— Que dites-vous là, mon gracieux seigneur? interrompit aussitôt la veuve, qui tressaillit comme si elle eût éprouvé un choc électrique. Ne parliez-vous pas d'un voyage à faire avec ce pauvre petit?

— Certainement, bonne femme, repartit Olivier avec une froideur qui déconcerta plus encore dame Michelet. Mais, rassurez-vous; ce voyage, il le fera en bonne compagnie; car le roi m'a chargé de conduire à Paris tous les enfants de Jacques d'Armagnac.

— A Paris? Vous voulez donc nous emmener d'ici? exclamèrent en même temps les deux frères et la sœur, en se réfugiant dans les bras de leur mère adoptive.

— Eh bien, oui, à Paris, répliqua Olivier avec un sourire presque sardonique. Votre père s'y trouve en ce moment, et il désire avoir ses enfants auprès de lui. Pâques-Dieu! comme dit mon gracieux souverain, vous n'éprouvez donc pas le moindre désir de revoir votre père après une si longue séparation?

— A Dieu ne plaise que nous nous opposions au vœu ni à la volonté de notre seigneur et père, répondit Marguerite. N'est-ce pas, Jacques? n'est-ce pas, François?

— S'il en est ainsi, hâtez-vous de faire vos préparatifs de départ, reprit l'envoyé du roi; car nous devons être en route avant qu'une heure se soit écoulée.

— Mais, encore une fois, balbutia la mère d'Hugo en tremblant de tout son corps et en serrant presque convulsivement le petit Riche dans ses bras. Veuillez considérer, messire, qu'il est impossible de faire faire un aussi long voyage à ce faible enfant. Il est souffrant, il est malade; car il fait ses dents. Si vous saviez combien cela le rend difficile! Il ne vous laisserait de repos la nuit ni le jour, par les cris qu'il ne cesse de pousser quand les douleurs lui viennent. Il vous causerait toute sorte d'embarras et d'ennuis auxquels vous ne pourriez porter remède.

Tandis que les trois enfants semblaient, en hochant la tête, contredire le pieux mensonge de la veuve, Olivier, à qui ces signes avaient entièrement échappé, répondit :

— Bonne femme, vous auriez pu vous dispenser de votre long discours; car je comprends assez de moi-même combien un voyage sera difficile dans une compagnie semblable. Cependant examinons bien les choses. A tout considérer, cet enfant me parait un peu trop jeune pour que mon gracieux souverain veuille le posséder à Paris, pour l'exécution du projet que sa volonté royale a conçu. Du reste, s'il est nécessaire qu'il y soit, on pourra au besoin l'emballer et l'expédier vers la capitale. Je crois donc pouvoir prendre la responsabilité sur moi, et je laisserai l'enfant ici jusqu'à nouvel ordre.

Ces paroles rendirent la vie à dame Michelet, qui respira plus librement et serra de nouveau le petit Riche sur son cœur.

Cependant, après ce premier mouvement de joie, elle reporta ses regards sur les trois autres enfants et songea avec angoisse qu'elle se trouverait séparée d'eux avant une heure écoulée. Eux-mêmes éprouvaient une douleur non moins poignante, en se disant que bientôt ils seraient loin de celle qui avait été pour eux une mère si affectueuse.

Aussi ce fut en versant des larmes amères, qu'avec son aide ils procédèrent à leurs préparatifs de départ, et que, ces apprêts terminés, ils prirent congé de la bonne Michelet et de sa fille.

Ils eurent plus de peine encore à se séparer de leur bien-aimé Riche, qu'ils faillirent étouffer à force de baisers et qui, en les voyant pleurer, se prit à pleurer aussi et à pousser des cris tellement aigus, qu'Olivier n'eut garde de songer à révoquer l'autorisation donnée par lui à la veuve de garder jusqu'à nouvel ordre l'enfant auprès d'elle.

— Au revoir et à bientôt, s'il plait à Dieu, se répétèrent à plusieurs reprises de part et d'autre la veuve, sa fille et les trois jeunes voyageurs qui s'en allaient, mais dont aucun ne s'aperçut du rire sournois que ces paroles semblaient provoquer sur le visage de l'ex-barbier de Louis XI.

————

IX. — LES HALLES ET LA BASTILLE.

Dans la matinée du 4 août 1477, la population de Paris se pressait en foule sur la place des Halles, lieu ordinaire des exécutions publiques. Une de ces tragédies sanglantes qui se répétèrent si fréquemment sous le règne de Louis XI, allait être offerte à l'avide curiosité des bourgeois. Si le supplice d'un meurtrier vulgaire ou d'un criminel de bas étage est déjà une de ces scènes auxquelles le peuple accourt et s'empresse d'assister, on comprend quel intérêt plus vif encore devaient exciter les lugubres spectacles dont la France fut témoin à cette époque et dont les héros furent successivement des hommes tels que Louis de Luxembourg, comte de Saint-Pol et connétable du royaume, le comte de Perche, les sires d'Albret, de Melun, des Arcinges, le procureur royal d'Usson, et tant d'autres personnages non moins distingués par leur haute naissance ou par leur position sociale, mais tous impliqués dans la conspiration permanente des grands vassaux contre la royauté.

Bien qu'un échafaud fût dressé à demeure au milieu de la place des Halles, on en avait construit un tout neuf et plus élevé, qui était tendu de draperies noires. Cet appareil indiquait qu'il ne s'agissait pas cette fois d'une exécution ordinaire ni d'un criminel de petite condition. Cependant la foule qui se pressait à l'entour, manifestait une commisération qu'elle n'était pas accoutumée à montrer. Car on n'eût remarqué sur aucun visage cette impitoyable satisfaction que la multitude avait témoignée, deux années auparavant, en voyant tomber à la même place la tête du comte de Saint-Pol.

Aujourd'hui c'était le duc de Nemours, Jacques d'Armagnac, qui devait mourir; et le peuple, déjà ému par le long et implacable procès que cet infortuné avait subi, par les violations faites aux formes de la justice pour assurer sa perte, et par la misère où ses enfants étaient plongés, exprimait une pitié d'autant plus vive, que ce seigneur n'était point de ceux sur lesquels l'opinion fût fixée ni à qui le vulgaire imputât de troubler réellement la paix et d'exciter la discorde dans le royaume; car ses crimes avaient été révoqués en doute par la longue résistance que le parlement avait opposée à la volonté expresse du roi, et personne n'ignorait que celui-ci n'avait réussi qu'à grand'peine à faire condamner le sire de Carlat à la peine de mort.

Après que la foule eut longtemps attendu, on vit tout à coup déboucher sur la place un groupe considérable d'estafiers et de gendarmes, au milieu desquels s'avançait, monté sur un grand cheval drapé de noir, le duc de Nemours, pâle et amaigri par sa longue captivité. En ce moment, il se fit de tous côtés un profond silence qu'interrompait seulement, par intervalles, un sanglot étouffé ou un gémissement sorti du sein de la multitude.

Arrivé au pied de l'estrade funèbre, le condamné descendit de cheval, s'agenouilla pieusement pour recevoir l'absolution dernière du prêtre qui l'accompagnait, baisa le crucifix que celui-ci lui tendait d'une main tremblante, et monta résolument les marches de l'échafaud, car il était complétement réconcilié avec Dieu. Quelques moments encore, sa tête tomba sous le glaive, et l'un des aides du bourreau jeta un drap noir sur ce qui restait de ce seigneur si redoutable naguère et si puissant. Après quoi, la foule s'écoula, silencieuse, recueillie et songeant avec effroi aux vanités des grandeurs terrestres.

Longtemps avant que le duc n'apparût sur la place, Hugo, qui avait suivi en quelque sorte au hasard le flot des curieux, se trouvait dans la multitude amassée aux abords des halles. Sans bien se rendre compte du motif qui l'avait amené en cet endroit, commisération ou vaine curiosité, il s'était laissé entraîner comme tant d'autres et se tenait au premier rang des spectateurs, de sorte qu'il put voir à son aise tout ce qui se passait. Pendant quelque temps, il mesura des yeux la vaste et haute estrade sur laquelle Jacques d'Armagnac devait passer de vie à trépas. Mais une idée étrange ne tarda pas à le préoccuper. En regardant l'échafaud, il avait cru s'apercevoir à plusieurs reprises que la draperie noire dont cette construction était couverte faisait un brusque mouvement, comme si quelque personne placée derrière l'agitait.

Il ne put d'abord en croire ses yeux. Mais, la draperie continuant à se mouvoir par intervalles, il ne lui fut plus possible de douter qu'il n'eût bien vu. Aussi il n'en détacha plus ses regards. Tout à coup il crut entrevoir sous la hideuse machine trois enfants, deux garçons et une fille. Ce fut pour lui un mystère, une énigme, dont il cherchait vainement le mot dans son esprit.

— Que peuvent donc faire là ces enfants? se demandait-il en lui-même. Et qui sont-ils?

Avant qu'Hugo eût pu résoudre ces questions difficiles, le cortége qui amenait le duc arriva sur la place. Cette apparition lugubre et la vue du malheureux condamné le remplirent d'épouvante, et il se prit à trembler des pieds à la tête. En même temps il entendit un triple cri d'angoisse éclater derrière la draperie, et dans ces cris il reconnut distinctement la voix des trois enfants du sire de Carlat.

A ce moment, le pauvre garçon se sentit sur le point de défaillir, et deux grosses larmes roulèrent sur ses joues. Que n'eût-il pas donné pour avoir sur lui les lettres patentes par lesquelles le roi s'était engagé à lui accorder la faveur qu'il demanderait! Avec quelle joie il se fût prévalu de cet engagement pour sauver l'infortuné duc, et pour rendre un père à ses enfants plus infortunés encore! Car Louis XI, par un raffinement de cruauté, avait ordonné qu'ils fussent placés sous l'horrible estrade pendant que l'auteur de leurs jours y mourrait par le glaive du bourreau.

Mais en vain Hugo regardait-il de tous côtés, cherchant instinctivement des yeux son oncle ou le roi, pour invoquer la solennelle promesse que le souverain lui avait faite après la fameuse revue des Parisiens. Se hâter d'aller trouver Coitier, pour lui demander la lettre royale qu'il lui avait donnée à garder, il n'en avait plus le temps. D'ailleurs, il lui eût été impossible de quitter la place où il se trouvait; car il était, en quelque sorte, maçonné dans le bloc immense et compact dont se composait la multitude. Force lui fut donc de rester où il était et d'assister, témoin impuissant, au terrible spectacle qui se passait devant lui. Cependant il ferma les yeux au moment où le duc monta les degrés de l'estrade fatale; il ne les rouvrit que lorsque le corps du supplicié eut été recouvert du drap noir que l'aide de l'exécuteur y avait jeté. Mais ce ne fut que pour voir une scène plus digne encore de pitié: c'étaient les estafiers de la justice qui tiraient de dessous l'échafaud les enfants du duc de Nemours et les faisaient monter dans deux chariots, dont l'un conduisit la jeune princesse dans un monastère de religieuses, et dont l'autre mena les deux frères à la Bastille, d'où leur père n'était sorti que pour entrer dans la mort.

La Bastille de Paris était placée à l'extrémité nord-est de la capitale, dans le quartier de Saint-Antoine. Elle devait sa fondation au roi Charles V, qui en posa la première pierre en 1369, et ne consistait qu'en deux grosses tours qui défendaient de ce côté l'entrée de la ville sous le règne de Charles VI. En 1383, elle avait été augmentée de six autres constructions semblables, reliées entre elles par de solides murailles, et entourée d'un large fossé. Elle était devenue un édifice formidable et destiné moins à défendre Paris contre l'étranger que le roi lui-même contre Paris. Plus tard elle avait été transformée en prison d'État, et elle conserva cette destination pendant à peu près quatre siècles, pour s'écrouler, le 14 juillet 1789, pendant la grande insurrection populaire qui servit de prélude à la révolution française.

Ses murailles sinistres et son extérieur farouche lui donnaient l'aspect d'un vaste monument sépulcral. Et c'était en réalité un sépulcre, avec ses cachots humides et enfoncés à vingt pieds au-dessous du niveau du sol, avec ses entonnoirs ménagés dans l'épaisseur des murs et dans le creux desquels les prisonniers étaient descendus sans pouvoir appuyer leurs pieds horizontalement, avec son silence de mort d'où nulle voix humaine ne pouvait se faire entendre des vivants.

C'est là que furent conduits les deux fils du duc.

La scène épouvantable dont ils venaient d'être témoins, la mort de leur père, les avait frappés d'une si grande stupeur qu'ils semblaient privés de tout sentiment et de toute faculté. Ils ne voyaient ni n'entendaient plus ce qui se passait autour d'eux. On eût dit qu'ils avaient perdu jusqu'à la moindre conscience d'eux-mêmes. Aussi rien ne parut plus faire impression sur eux, ni les larges fossés qu'on leur avait fait traverser, ni les voûtes obscures sous lesquelles roulait le chariot qui les transportait, ni le grincement des ponts-levis qui s'abaissaient à leur venue et se relevaient après leur passage, ni le bruit des verrous et des portes qui s'ouvraient successivement et se refermaient aussitôt derrière eux, ni les couloirs suintants et ténébreux où on les conduisait, ni les marches humides qu'on leur faisait monter ou descendre, pour les introduire enfin dans une chambre glaciale où se trouvaient deux cages de fer disposées côte à côte et destinées à les recevoir.

Ces cages avaient une forme toute particulière, et ne ressemblaient en rien à celles que nous avons vues dans le château de Loches. Elles étaient faites de barres de fer, et offraient une frappante analogie avec ces masses d'osier dans lesquelles on prend les poissons et qui se terminent en manière d'entonnoir, de sorte qu'y étant placé debout, on ne pouvait ni se tenir sur la plante des pieds, ni s'asseoir, ni se coucher, et qu'on y était constamment maintenu dans une position qui fatiguait outre mesure le corps et rendait le sommeil presque impossible.

Chacun des deux enfants fut enfermé dans une de ces affreuses machines. L'aîné, Jacques, pouvait avoir treize ans, et François, le plus jeune, en comptait onze à peine. Rendus presques insensibles par l'affaiblissement moral et physique où ils étaient tombés, ils s'étaient laissé descendre machinalement dans ces redoutables cages, et ils n'en éprouvèrent pas d'abord les intolérables tortures. Si par moments la faculté de penser se réveillait en eux, ce n'était que pour leur faire reporter leur esprit vers leur père qu'ils ne devaient plus revoir en ce monde; et ce souvenir les absorbait trop vivement pour qu'ils eussent la force de songer à eux-mêmes. Mais, au bout de quelques heures, la nature fit enfin valoir ses droits, et le plus jeune des deux prisonniers se prit à éclater en sanglots. En même temps Jacques sembla revenir à lui-même.

— Qu'as-tu donc, mon pauvre François, pour gémir de la sorte? demanda Jacques en faisant un effort pour essayer de se tourner du côté de son frère.

— Hélas! répondit celui-ci d'une voix déchirante. Hélas! notre père et notre sœur! Mon Dieu! mon Dieu!... Puis comme je souffre dans tout le corps! La jambe droite me fait mal comme si elle était brisée. Elle est toute meurtrie entre ces barreaux. J'ai beau faire, j'ai beau me retourner en tout sens, je ne puis me tenir debout, ni m'asseoir, ni me coucher.

— Ah! ma position n'est pas plus tenable que la tienne, cher François, et cependant tu vois que je ne me plains pas, dit Jacques en essayant de donner par ces paroles quelque courage à son frère. Mais il est impossible qu'on nous laisse longtemps dans ces cages. On nous donnera au moins un matelas et une couverture, ou un lit où nous puissions nous coucher sans éprouver tant de douleur. En attendant, fais comme moi, et tiens-toi tantôt sur une jambe, tantôt sur l'autre, pour ne pas souffrir toujours au même pied.

— J'ai déjà fait cela, repartit l'enfant; mais je n'y trouve aucun soulagement. Pourquoi donc nous a-t-on enfermés ici? Et pourquoi nous met-on ainsi à la torture? Car personne ne peut dire que nous avons fait le moindre mal au roi. Bien loin de là, nous n'avons jamais manqué un seul jour de prier pour lui, comme la bonne Michelet nous a recommandé de faire.

— Et maintenant encore gardons-nous de l'exclure de nos prières, reprit Jacques. Gardons-nous-en, si difficile que cela puisse être pour nous. Car le bon Dieu n'a-t-il pas dit : « Priez pour ceux qui vous haïssent et vous persécutent? »

— Pourtant je ne sais si j'aurai encore la force de prier pour lui, répliqua François. Il a fait mourir notre père, il nous a séparés de notre sœur, il nous a enfermés dans ces horribles cages au fond desquelles je glisse sans même pouvoir prendre pied aussitôt que je veux m'asseoir pour me reposer un instant.

— Tiens, frère, dit l'aîné en essayant de donner un autre tour à la conversation, je suis bien content qu'on n'ait pas enfermé ici notre sœur, si heureux que j'eusse été de l'avoir auprès de nous. A la vérité, il ne se trouve que deux cages dans cette chambre ; mais Marguerite n'aurait jamais consenti à nous laisser seuls soumis à la torture que nous endurons, et je suis certain qu'elle aurait voulu la partager avec nous. Puis encore, Dieu merci, on nous a laissés ensemble, et l'on n'a pas songé à nous mettre dans deux chambres séparées. Songe donc combien nous serions malheureux, si nous ne pouvions nous voir, ni même nous entendre l'un l'autre pour échanger quelque parole de consolation. Passer nos têtes par les intervalles de ces barres de fer, pour nous embrasser, nous ne le pouvons pas ; mais du moins nous pouvons y passer le bras et nous serrer fraternellement la main. Essaie donc de le faire. Tu vois que cela est facile. Mais, mon Dieu! comme ta main est glacée! Laisse-la-moi quelques instants pour que je puisse la réchauffer.

— Comment pourrais-tu la réchauffer quand la tienne est aussi glacée que la mienne? objecta François.

— Comment? mais en la frottant, répondit Jacques qui se mit aussitôt à frictionner la main de son frère pour y ramener la circulation du sang.

— Oh! je ne peux tenir le bras tendu plus longtemps, interrompit l'enfant en retirant sa main. Mon Dieu! continua-t-il en éclatant de nouveau en sanglots, comme nous étions heureux chez notre bonne Michelet!

— Oui, cela est vrai! exclama l'aîné. Aussi je me reproche à présent de n'avoir pas suffisamment remercié le Ciel du bonheur dont nous jouissions dans la maison de cette excellente femme.

— Quant à moi, murmura le plus jeune des deux frères, je voudrais être mort et me trouver dans le ciel auprès de notre mère bien-aimée ; car, je le sens, je ne pourrai pas longtemps supporter la souffrance que j'endure.

Essaye de prendre une autre position, reprit Jacques. Appuie le dos d'un côté de la cage, et les pieds de l'autre. Tu verras qu'on peut, au moins pendant quelque temps, se tenir ainsi sans trop souffrir.... Mais tiens ! regarde donc ! ajouta-t-il d'un ton presque joyeux, regarde donc ce qu'il y a dans cette espèce de coffret ouvert qui est ménagé à mi-hauteur de chacune de nos cages ! Ma foi, une cruche d'eau et un morceau de pain. Du moins nous ne mourrons pas de faim ni de soif. Cependant qui pourrait en ce moment penser à manger ?

Les deux jeunes prisonniers continuèrent à s'entretenir de la sorte, se plaignant et se consolant l'un l'autre, passant tour à tour du découragement à l'espoir et de l'espoir au découragement, se livrant à mille combinaisons ingénieuses pour rendre leur position moins insupportable, mais ne doutant pas un seul instant que Dieu, ce consolateur de tous les affligés, ne veillât sur eux.

Cependant le jour commençait à décliner, et les ténèbres commençaient à envahir la chambre. Tout à coup, voyant l'obscurité venir, François s'écria avec angoisse :

— Voilà que la nuit arrive, et personne ne songe encore à nous délivrer de ces horribles cages. Frère, si tu savais comme je souffre ! Je me sens tout brisé. Ces barres de fer si froides et si dures m'ont rayé de lignes bleues tout le corps. Que ne suis-je dans le ciel auprès de notre bonne mère !

Jacques, si fort qu'il eût désiré de donner quelque soulagement à son frère et de lui rendre au moins un peu de courage, n'avait plus la force de lui adresser une parole. Il comprenait trop bien, par la douleur qu'il éprouvait lui-même, à quel point étaient fondées les plaintes du pauvre enfant. Malgré les efforts qu'il ne cessait de faire pour changer de position à chaque instant, il finit par fondre aussi en larmes et murmura d'une voix à demi étouffée :

— Prions, mon frère, prions le bon Dieu afin qu'il daigne nous venir en aide.

Après quoi ils commencèrent tous deux à réciter à haute voix leur prière ordinaire du soir. Rarement peut-être, depuis le jour où ils s'étaient trouvés auprès du lit de leur mère mourante, ils avaient adressé une prière plus fervente au Ciel. Aussi Dieu écouta-t-il les deux infortunés. La voix du plus jeune des enfants s'éteignit par degrés, et bientôt un lourd sommeil descendit sur ses paupières. Quand Jacques se fut bien convaincu que son frère était endormi, il donna un libre cours à ses larmes ; et, comme l'obscurité n'était pas encore assez épaisse, pour l'empêcher de voir autour de lui, il se mit à contempler avec une profonde compassion le pauvre petit qui, accroupi et affaissé sur lui-même au fond de sa cage, s'agitait par intervalles entre les barreaux de l'horrible machine, et indiquait, par l'inégalité de sa respiration et par les gémissements qui de moment en moment sortaient de sa poitrine, que ses souffrances n'étaient pas suspendues même dans le sommeil. Son cœur faillit se briser à ce poignant et lamentable spectacle. Ne pouvant le supporter davantage, il détourna les yeux, et se remit à prier avec une nouvelle ferveur.

Il ne tarda pas à s'endormir à son tour.

Avant que les premières lueurs de l'aube eussent pénétré dans le cachot, les deux enfants étaient déjà réveillés.

Après avoir poussé un gémissement douloureux, le plus jeune murmura tout bas :

— Jacques, dors-tu encore ?

— Oh ! non, répondit l'autre. Il y a déjà quelques minutes que je ne dors plus.

— Je suis comme disloqué, reprit François. J'ai du mal dans tous les membres, dans le dos, dans les jointures, à la pointe des pieds, à la tête, partout.

— Moi aussi, répondit l'aîné. Et qui sait combien il se passera de temps encore avant qu'on nous tire de ces cages maudites ?

— Tu crois donc que nous ne serons pas bientôt délivrés de cette insupportable torture ? demanda l'enfant tout effrayé.

— Frère, nous sommes dans une situation où il faut tout prendre au pire, répliqua Jacques d'un ton auquel il essayait de donner un accent de résignation qu'il était loin d'éprouver. Si l'on nous tire bientôt de ce cachot, ce sera tant mieux.

— S'il nous faut rester plus longtemps ici, je n'y résiste plus, et je me casse la tête contre ces barreaux ! exclama François avec l'accent du plus profond désespoir.

— Fi donc, mon frère, fi donc, ne parle pas ainsi, interrompit vivement l'aîné d'un ton de reproche, songe à tout ce que le bon Dieu a souffert pour notre salut. Le corps déchiré de verges, une couronne d'épine sur la tête, les mains et les pieds traversés de clous, il était attaché à la croix, et on lui refusait même une goutte d'eau pour étancher sa soif, tandis que nous au moins nous pouvons nous mouvoir librement, nous avons du pain et de l'eau, et nous avons nos vêtements pour nous couvrir.

— Tu as raison, frère. Mais le Sauveur ne souffrit à la croix que pendant une heure au plus, et le Ciel sait si nous ne sommes pas enfermés ici pour notre vie entière.

— En ce cas, reprit l'aîné, faut-il que je te rappelle les grands saints dont notre mère nous a si souvent raconté la touchante histoire et qui endurèrent, toute leur vie, les plus dures privations et les plus cruelles souffrances ?

— A coup sûr, ces histoires je ne les ai pas oubliées, repartit François. Mais, tu ne l'ignores pas, les saints étaient des hommes, et ils s'offraient volontairement au martyre et à la mort. Et nous, ne sommes-nous pas de faibles enfants ?

— Sans doute, mais ceux que le cruel Antiochus fit mourir dans la fournaise ardente, n'étaient-ils pas des enfants aussi? Et n'eurent-ils pas à souffrir des tourments auprès desquels les nôtres ne sont qu'un jeu?

— Qu'un jeu, dis-tu? s'écria François en fondant en larmes. Sois bien certain qu'à ce jeu-là nous succomberons bientôt l'un et l'autre.

Au moment où l'enfant venait de prononcer ces paroles, un grand bruit de verrous et de clefs se fit entendre. La lourde porte de la chambre s'ouvrit, et un des gardiens de la Bastille entra. Sans dire un seul mot, il se dirigea vers les cages et se mit à regarder les jeunes prisonniers.

— Bonjour, brave homme, lui dit aussitôt Jacques en donnant à sa voix une douceur d'intonation qui eût touché tout autre cœur que celui d'un geôlier. N'est-ce pas que vous venez nous délivrer de ces affreuses cages?

Tout endurci qu'était le gardien par la constante habitude de voir toutes les misères, il ne put dissimuler l'émotion qu'il éprouvait en entendant l'enfant parler de la sorte. Mais il se hâta de refouler ce sentiment au fond de son cœur; et, se passant une main sur le front, il répondit d'une voix sèche et brève :

— Ma foi, non.

— Non, dites-vous? exclama Jacques pendant que son frère poussait un cri d'angoisse. Parlez-vous sérieusement? Et savez-vous combien nous souffrons dans ces cages?

Comme le geôlier ne répondait point à ces questions, l'enfant continua :

— Au nom du Ciel, donnez-nous au moins quelque chose où il nous soit possible d'appuyer les pieds, une couverture de laine ou un oreiller qui empêche ces barres de fer d'entrer dans nos chairs.

— Cela ne se peut, répliqua l'homme. Pour vous donner ce que vous demandez, il me faudrait un ordre spécial du roi. Mais je vais vous laisser sortir pour quelques minutes, pendant que je nettoyerai vos cages.

Les deux frères accueillirent avec la plus vive reconnaissance les paroles du gardien, si léger et si court que dût être le soulagement que ce répit de quelques minutes allait apporter à leurs souffrances.

Quand ils furent sortis de leur prison de fer, ils se mirent à étendre les bras et les jambes, tout raidis par la position gênée où ils avaient été forcés de les tenir depuis la veille. Après quoi, Jacques eut l'idée de parcourir à plusieurs reprises la chambre pour se donner quelque mouvement, et engagea son frère à en faire autant. Mais celui-ci s'était laissé tomber sur un banc de bois qui se trouvait adossé au mur de la prison.

— Mon bon Jacques, répondit-il, il ne m'est plus possible de marcher, tant je me sens fatigué et tant je souffre dans tout le corps.

Déjà les quelques minutes de liberté que le gardien leur avait promises étaient écoulées.

— A présent, leur dit-il, vous pouvez rentrer dans vos nids d'hirondelles.

— Brave homme, je vous en prie, accordez-nous quelques instants encore, repartit Jacques d'un ton suppliant. Nous venons à peine de sortir de nos cages, et vous ne savez pas comme le temps paraît long quand on est enfermé là-dedans.

— Par les talons de mes sabots, répliqua l'homme, croyez-vous donc que je n'ai rien de mieux à faire que de rester ici à bayer aux corneilles jusqu'à ce qu'il vous plaise de rentrer chez vous? Allons, en avant, marche!

Force fut aux pauvres enfants de se rendre à cette injonction et de reprendre leur place.

Les deux cages refermées, le geôlier s'en alla.

Quand on y réfléchit bien, on doit reconnaître une preuve de la bonté de Dieu dans cette singulière facilité avec laquelle l'homme parvient à se soumettre, lentement il est vrai, mais graduellement, à toutes choses, même à celles auxquelles dans le principe il croyait le moins pouvoir se résigner. Il en fut de même des deux captifs, surtout de Jacques qui ne cessait de faire toute sorte d'expériences pour rendre au moins sa prison aussi peu insupportable que possible, et qui s'empressait de communiquer à son frère tout ce qu'il s'ingéniait à inventer pour se tenir dans sa cage aussi commodément que la forme de l'étrange machine le permettait. Après avoir réfléchi, pendant quelque temps, au meilleur moyen de se procurer un appui solide, où il pût poser, au moins alternativement, chacun de ses pieds, il songea qu'en ôtant son justaucorps et en le repliant sur lui-même, il obtiendrait ce point de soutien si ardemment désiré. Cette idée mise immédiatement en pratique, Jacques s'applaudit de l'heureux résultat qu'il venait d'atteindre. Mais il ne se borna pas à ce premier essai. Il multiplia ses études sur les applications diverses que son idée première était susceptible de recevoir. Ayant une fois transformé son justaucorps en point d'appui, il en vint à le changer successivement en un coussin moëlleux et commode qui lui permettait de se reposer quelques instants de la fatigue causée par la pression de son corps sur les barreaux de fer, et même en un excellent oreiller sur lequel il lui fut possible de poser par intervalles sa tête endolorie.

De cette manière les deux enfants, avec cet ingénieux instinct que la nécessité développe si puissamment dans toutes les circonstances difficiles de la vie, remédièrent, à un certain degré, à ce que leur position avait de plus douloureux. Dès lors, ils purent aussi accepter leur sort avec un peu plus de résignation. Les choses en vinrent au point que leur gardien, vaincu peu à peu par la douceur avec laquelle ils lui parlaient chaque fois qu'il venait les visiter, ne put se défendre lui-même d'une grande pitié en voyant l'admirable soumission qu'ils montraient dans leur infortune. Par degrés il devint plus affectueux et plus communicatif. Il prolongeait volontiers de quelques minutes le temps qu'il mettait chaque jour à nettoyer leurs cages. Parfois il leur apportait en secret quelque fruit ou quelque autre friandise. Il leur donna même à chacun un lambeau de vieille couverture de laine, pour s'en servir en guise d'oreiller, mais en leur recommandant expressément de la cacher avec le plus grand soin sous leurs vêtements aussitôt qu'ils entendraient le moindre bruit au dehors.

Plusieurs jours s'étaient passés de la sorte, et les jeunes captifs, enfermés dans la Bastille, ce tombeau des vivants, semblaient déjà oubliés du monde entier.

Cependant il y avait quelqu'un qui ne cessait de se préoccuper d'eux : c'était Louis XI.

Il n'avait plus rien à craindre de leur père, et il n'y pensait plus. Eux, au contraire, il les voyait jour et nuit passer et repasser dans son esprit, comme des fantômes menaçants. Plus d'une fois, depuis la sanglante matinée du 4 août, on l'avait vu plongé dans une préoccupation profonde et se frappant le front comme s'il eût voulu chasser quelque idée pénible. On l'avait même entendu à plusieurs reprises murmurer tout bas :

— Ah ! ces enfants ! ces enfants !

Bientôt il devint évident pour tout le monde que le roi méditait quelque chose de mauvais.

— Mon ami Coitier , dit-il un matin à son mire , ne connais-tu pas quelque maître arracheur de dents que tu puisses me recommander ?

— Comment ! vous avez donc mal aux dents, sire ? demanda le médecin tout étonné de cette question.

— Oh ! non, repartit Louis en formulant un de ces sourires qui sur ses lèvres étaient presque des grimaces. Mais, par la Pâques-Dieu, j'ai dans ma ménagerie une couple de jeunes lions que je voudrais empêcher de mordre. Au coin de la rue du Feurre, j'ai remarqué, l'autre jour, l'enseigne d'un maître dentiste. Si je ne me trompe, l'homme s'appelle Lazare. C'est un de tes confrères, et tu dois le connaître.

— Je le connais assez pour affirmer qu'il est le plus misérable massacre qui soit au monde ; je plaindrais de tout mon cœur l'infortuné qui lui tomberait entre les mains et qui aurait besoin de son ministère, répondit Coitier d'un ton qui ne pouvait laisser le moindre doute sur la sincérité de ses paroles.

— En ce cas, reprit le roi avec une froide cruauté, on doit fournir à cet homme l'occasion de se perfectionner dans son art. Donc je désire que tu ailles le trouver en mon nom pour lui dire de se rendre aujourd'hui, avant l'heure de midi, auprès du commandant de la Bastille, de qui il apprendra ce qu'il aura à faire.

Ces paroles dites, Louis congédia son mire favori sans plus ajouter une syllabe au sujet de la mystérieuse commission que le capitaine de la forteresse royale devait avoir reçu l'ordre d'exécuter.

Le même jour, à une heure tout à fait insolite, la porte de la chambre où les deux jeunes princes étaient enfermés, s'ouvrit brusquement. Au premier bruit qu'avaient fait les verrous en grinçant dans leurs anneaux de fer, les prisonniers s'étaient hâtés de cacher aussi bien qu'ils purent les lambeaux de couverture de laine qu'ils tenaient de la générosité du geôlier. Puis, sans bien se rendre compte de ce qu'ils devaient craindre ou espérer de la visite si peu attendue que ce bruit inaccoutumé leur annonçait, ils avaient dirigé les yeux du côté de la porte.

Ils virent entrer d'abord leur gardien. A sa suite marchait un personnage dont la figure leur était entièrement inconnue, et qui était d'une taille et d'une corpulence peu ordinaires. Après avoir fait quelques pas dans la chambre, l'étranger leur parut tressaillir tout à coup à la vue des cages étranges où ils étaient enfermés. Ce mouvement d'effroi ne put échapper à l'œil scrutateur du geôlier, qui sans avoir l'air d'y faire la moindre attention, ordonna immédiatement à Jacques de sortir de sa nasse de fer dont il venait d'ouvrir l'entrée. L'enfant étant sorti, l'inconnu, qui jusqu'à ce moment n'avait pas eu la force de proférer un seul mot, lui dit d'une voix dont l'accent trahissait une certaine émotion :

— Mon enfant, montre-moi donc tes dents.

Aussitôt Jacques ouvrit la bouche, et l'homme y vit briller deux rangées de dents aussi blanches que les perles les plus fines.

— Maintenant, mon petit ami, assieds-toi là sur ce banc et sois assez gentil pour ne pas bouger, reprit l'inconnu qui n'était autre que Lazare, le dentiste de la rue du Feurre.

— Mais que voulez-vous donc faire? demanda l'enfant en regardant avec une vive anxiété le géant qui tirait d'une trousse de cuir, attachée à sa ceinture, une petite pince d'acier d'une forme tout à fait particulière.

— Rien du tout, mon petit ami, si ce n'est t'arracher une de ces jolies petites dents que voilà, répliqua Lazare.

— Comment! m'arracher une dent? Pourquoi cela? Aucune d'elles ne me fait souffrir, objecta le jeune prisonnier.

— Ma foi, je te crois sur parole, repartit l'homme ; car tu as le ratelier aussi sain qu'on peut l'avoir. Mais n'importe, il me faut une de ces dents-là, puisque.... telle est la volonté expresse du roi.

— Du roi? s'écria Jacques en pâlissant. Du roi, dites-vous?

— Du roi lui-même, répondit le dentiste en appuyant ces paroles l'un signe de tête affirmatif. Allons, mon garçon; prends place sur ce banc, et mettons-nous à l'œuvre. La chose serait déjà faite sans tout le bavardage auquel nous venons de nous livrer.

L'enfant essaya d'abord d'opposer quelque résistance. Mais ce fut peine perdue. L'Hercule de la rue du Feurre le saisit par le bras et l'entraîna vers le banc où il s'assit. Après quoi il lui prit la tête des deux mains, la fixa entre ses genoux comme dans un étau, et, après lui avoir desserré les dents au moyen d'une palette d'acier, il commença l'opération.

Si jamais Coitier avait dit la vérité, ce fut au moment où il désigna sous la qualification de massacre l'horrible Lazare. Car il fallait voir de quel train l'arracheur de dents y allait. La sueur ruisselait à grosses gouttes le long du visage du jeune patient, qui poussait des gémissements de douleur et murmurait en syllabes à demi articulées :

— Finissez donc! Au nom du Ciel, finissez donc!

Pendant ce temps, le plus jeune des deux frères, le visage appuyé contre les barreaux de sa cage, suivait avec une mortelle anxiété les péripéties de l'horrible opération et mêlait ses cris aux cris de douleur de son aîné.

— Enfin la voilà! exclama tout à coup le géant en élevant à la hauteur de ses yeux la petite dent et en la contemplant d'un air de triomphe.

Après s'être essuyé le front, car lui aussi avait sué à grosses gouttes pendant l'affreux travail auquel il venait de se livrer, il fit présenter à l'enfant par le gardien un verre à moitié rempli d'une liqueur légèrement jaunâtre, et reprit :

— Maintenant, mon garçon, prends une gorgée d'eau et de vinaigre avec laquelle tu te rinceras la bouche, et il n'y paraîtra plus lorsque j'aurai fini d'opérer ton frère....

— Mon frère? interrompit vivement Jacques en devenant tout pâle de rouge qu'il était.

— Certainement ton frère, repartit le dentiste...

— Et lui aussi vous voulez?...

— Lui arracher une dent, répondit Lazare; car telle est la volonté expresse du roi.

Pendant que l'opérateur produisait cet argument péremptoire, le geôlier s'était mis en devoir d'ouvrir la cage de François.

Immobile comme une statue, mais les yeux ruisselants de larmes, et oubliant sa propre douleur, Jacques regardait avec une angoisse inexprimable son pauvre frère qui, tremblant de tout son corps et plus mort que vif, sortait de sa gaîne de fer et se laissait tomber sur le banc plutôt qu'il ne s'y asseyait. Plus jeune et d'une constitution plus délicate, François subit avec moins de courage et de fermeté l'affreuse torture et il faillit s'évanouir entre les mains de Lazare.

Sa double opération terminée, l'homme de la rue du Feurre remit dans sa trousse la pince et la palette d'acier, enveloppa soigneusement dans un morceau de papier les deux petites dents, et s'en alla avec le gardien, après que celui-ci eut renfermé les deux prisonniers dans leurs cages, sans avoir dit un mot, mais non sans avoir le cœur navré du cruel spectacle auquel il venait d'assister.

Le lendemain, l'arracheur de dents, conduit par le geôlier, revint à la même heure, et les deux enfants se mirent à trembler d'épouvante en apprenant que cette nouvelle visite n'avait pas pour objet une enquête sur l'état de leur santé, mais une répétition de l'opération de la veille.

Ils eurent beau supplier, ils eurent beau demander grâce, rien n'y fit. A leurs larmes, à leurs prières, à leurs supplications l'implacable dentiste n'opposa que ces mots qui semblaient être pour lui l'arrêt du destin :

— C'est par la volonté expresse du roi.

L'opération commença donc.

Quand elle fut finie, Lazare dit avec une sorte de satisfaction à ses deux infortunées victimes :

— N'est-ce pas, mes enfants, qu'aujourd'hui cela a marché plus vite qu'hier ? Ma foi, il faut un peu de temps pour se faire la main. Aussi, vous pouvez en être certains, chaque jour nous irons un peu plus lestement en besogne.

— Chaque jour ? demanda Jacques en pâlissant d'effroi. Combien de temps comptez-vous donc nous torturer de la sorte ?

— Aussi longtemps, mon petit, qu'il vous restera une dent dans la bouche, répondit le géant. Car, ne l'oubliez pas, telle est la volonté expresse du roi.

Les deux frères faillirent tomber à la renverse en apprenant quelle effroyable sentence avait été prononcée contre eux.

Dès ce moment ils furent comme deux condamnés qui savent d'avance le jour et le moment où ils doivent cesser de vivre et qui voient fuir avec une effrayante rapidité les heures qu'il leur reste encore à passer sur la terre. Autant elles leur paraissaient longues et interminables pendant qu'ils se trouvaient enfermés seuls dans leurs cages, autant il leur semblait qu'elles avaient été courtes et rapides quand ils entendaient revenir le redoutable arracheur de dents. Dès que l'aube recommençait à poindre, ils se prenaient à trembler, et un frisson leur parcourait tous les membres aussitôt que le grincement des verrous de la porte leur annonçait la visite de leur bourreau.

— Explique qui voudra ; mais il est une chose que je ne puis comprendre, dit un jour la femme de Lazare à quelques-unes de ses connaissances et amies ; c'est la rage d'arracher des dents qui s'est emparée de mon homme depuis une semaine. Si je le laissais faire, il serait capable de m'arracher les miennes. Depuis le matin quand il se lève jusqu'au soir quand il se couche, il a la pince à la main. Il appelle les passants et les opère pour rien. Ne peut-il attraper bourgeois ni paysan, il se rejette sur les chiens et les chats. En vérité, c'est à n'y pas croire.

— Hé! compagnon, dit un autre jour maître Escabeau à son ami le dentiste en le rencontrant fortuitement dans la rue, est-il vrai que vous allez chaque matin arracher une dent à chacun des fils du duc de Nemours qui sont détenus à la Bastille?

— Certainement, répondit Lazare. Telle est la volonté expresse du roi.

— Et vous avez le courage de prêter votre ministère à une horreur semblable? reprit le pâtissier dont le visage revêtit tout à coup une expression de colère qu'il ne se donna pas même la peine de déguiser.

— Que voulez-vous, mon ami? répliqua l'opérateur de la rue du Feurre. Si ce n'était pas moi, ce serait un autre qui aurait la main peut-être moins exercée que la mienne. Et celui-là ferait souffrir bien davantage ces pauvres enfants, à qui, Dieu m'en est témoin, il me serait infiniment plus agréable de mettre dix dents que de leur en arracher une seule, si ce n'était la volonté formelle du roi.

Sur quoi Escabeau continua son chemin en secouant tristement la tête et en grommelant tout bas :

— Ah ! si le roi venait encore un jour visiter ma boutique et s'asseoir dans la chambrette des friands, j'aurais bien le courage de lui dire un petit mot en faveur des pauvres petits princes. Car, enfin, n'est-ce pas un inutile raffinement de cruauté que de faire retomber sur eux la faute de leur père, qui l'a suffisamment expiée, je pense?

Dans ces entrefaites, Hugo, instruit par la rumeur publique de ce qui se passait à la Bastille, n'avait cessé de rôder aux environs du Louvre, dans l'espoir de rencontrer son oncle Coitier au moment où celui-ci se rendrait auprès du roi ou qu'il sortirait du palais. Après bien des pas inutiles, il réussit un matin à voir le mire royal.

— Cher oncle, lui dit-il d'une voix brève et chaleureuse, rendez-moi, je vous prie, rendez-moi bien vite les lettres patentes du roi que je vous ai données en garde. Je veux à l'instant même aller supplier Sa Majesté de ne pas laisser plus longtemps les deux petits princes dans leurs cages de fer, et de leur permettre de retourner avec leur sœur chez ma mère. Mon Dieu ! si j'avais su plus tôt avec quelle barbarie on les traite, je serais depuis longtemps déjà venu vous redemander cet écrit.

— Je ne puis assez louer tes excellentes intentions, repartit Coitier d'un ton qui trahissait l'émotion dont son cœur était rempli. Elles font l'éloge de ton bon cœur. Mais les réaliser, mon enfant, c'est autre chose. Crois-moi, la France tout entière se mettrait à genoux devant le roi, qu'elle ne réussirait pas à le fléchir en faveur des fils du duc de Nemours. Nous pouvons déjà remercier le Cie. de voir le roi laisser en paix le petit Riche, dont il ignore probablement l'existence. Crois bien ce que je te dis, et épargne-toi une peine qui est complétement inutile.

— Vous ne pouvez donc rien pour adoucir le sort de ces malheureux enfants ? reprit Hugo en fixant sur son oncle un regard qui était une véritable supplication.

— Hélas ! rien, mon garçon, rien du tout, répliqua le mire avec une émotion toujours croissante. Qui peut espérer de fléchir la colère d'un tigre irrité ? Retourne donc chez toi, et abandonne les Armagnac à la miséricorde divine.

Le cœur navré par ces paroles, Hugo regagna tristement la rue Saint-Michel, pendant que Coitier entrait dans le palais et se rendait auprès du roi pour lui faire sa visite habituelle.

Louis était assis dans son cabinet à une table sur laquelle se trouvait une cassette d'ébène entr'ouverte. Il avait l'air de s'amuser à compter une quinzaine d'osselets blancs qu'il en avait tirés et qu'il y laissait retomber avec un bruit sec qui paraissait lui causer un plaisir extrême.

Au moment où il vit entrer le mire, il suspendit un moment le jeu auquel il se livrait, et s'écria avec une visible satisfaction :

— Ah ! mon compère, te voilà ! Tu viens à propos. Tiens, regarde donc comme le nombre de mes petites dents de lion augmente chaque jour. Bientôt nous en aurons assez pour en faire un chapelet sur lequel nous dirons nos patenôtres. Pâques-Dieu ! ne sont-elles pas aussi blanches que la neige ?

— Blanches comme la neige qui vient de tomber, sire, répondit le médecin d'un air réservé et qui ne s'accordait guère avec le ton de plaisanterie que Louis affectait en ce moment. Malheureusement elles sont bien aiguës aussi...

— Ah çà, Coitier, que veux-tu dire par là ? interrompit le roi en regardant le mire dans le blanc des yeux.

— Sire, veuillez m'écouter, reprit l'oncle d'Hugo en prenant une mine de plus en plus sérieuse. Je crains une chose fâcheuse...

— Par Notre-Dame d'Embrun, que peux-tu craindre à propos de ces dents ? interrompit de nouveau Louis piqué de curiosité.

— Je crains, sire, vu l'état où vous êtes, que bientôt elles ne vous mordent plus âprement que si elles se trouvaient encore dans la bouche de ceux à qui on les a arrachées...

— Pour le coup, tu te gausses de moi ! exclama le roi en retirant vivement ses mains de la cassette.

— J'aurais mauvaise grâce, sire, à rire de Votre Majesté dans les graves circonstances qui peut-être se préparent pour elle, repartit Coitier d'un ton presque mystérieux.

— Qu'est-ce à dire, mon compère? Tu me parles-là par énigmes. Explique-moi donc ta pensée, insista le souverain qui ne se sentait plus d'étonnement.

— Sire, votre horoscope que je suis occupé à faire n'est pas encore assez clair pour qu'il me soit possible de répondre au désir de Votre Majesté. Permettez-moi seulement de vous rappeler ce jeune garçon aux deux lentilles brunes et la prédiction que je vous fis à son sujet et qui s'est réalisée d'une façon si merveilleuse à Alençon.

— Tu as raison, Coitier, fit le roi devenu tout pensif. Tu t'es montré là véritable prophète, et sans ce brave garçon j'étais un homme mort. A propos, est-il encore vivant? Et se trouve-t-il toujours chez maître Escabeau? Comment se fait-il qu'il n'ait pas, jusqu'à présent, songé à faire usage de mes lettres patentes?

A cette question, posée pour ainsi dire à brûle-pourpoint, le mire fut un moment près de répondre que l'intention d'Hugo était de se prévaloir de cet écrit en faveur des trois enfants du duc de Nemours. Mais il se retint aussitôt, jugeant plus prudent de ne pas toucher un point aussi délicat.

— Le brave garçon vit encore, répliqua-t-il. Il est en bonne santé, et, pour autant que je sache, il se trouve toujours au service du pâtissier de Votre Majesté. Il ne fera probablement usage de sa lettre qu'au moment où sera épuisé le petit trésor qu'il tient de votre royale munificence.

Ici l'entretien de Louis avec son médecin ordinaire prit une autre direction, et il n'eut plus pour objet que la santé du roi, laquelle, après les affaires de son gouvernement, faisait la principale préoccupation de son esprit.

——◇❈◇——

X. — DÉVOUEMENT FRATERNEL.

Le même jour, comme Lazare faisait sa visite accoutumée à la Bastille, Jacques d'Armagnac lui dit d'une voix suppliante:

— Brave homme, mon pauvre frère est fort mal. Regardez vous-même comme il est pâle et souffrant. Ce qui le tourmente surtout, c'est la peur qu'il a de vous. Ayez donc un peu de pitié, au nom du Ciel, et laissez-lui le peu de dents qui lui restent encore.

— Comment! je croyais pourtant que, grâce à ma dextérité, ma pince avait cessé de vous paraître aussi redoutable que vous le croyiez d'abord, repartit le dentiste presque offensé de l'observation que l'enfant venait de lui présenter. Car enfin je défie qui que ce soit de mieux faire la chose. Quant à épargner ton frère, je ne le peux ni ne l'ose, puisqu'il faut que je remette chaque jour deux dents au roi, telle étant sa volonté expresse.

A cette réponse désespérante, Jacques se mit à regarder avec une angoisse et une compassion inexprimables François, dont la figure pâle et contractée eût provoqué le sentiment de la pitié dans une pierre même. Après quelques moments de muette réflexion, il témoigna, par un petit signe, à l'opérateur le désir de lui dire un mot à voix basse. Aussitôt le géant se pencha et présenta l'oreille aux lèvres de l'enfant qui lui dit de manière à ne pouvoir être entendu de son frère :

— Je vous en prie, arrachez-moi deux dents chaque jour, et épargnez ce pauvre petit.

Au même instant Lazare détourna le visage, car il sentit deux grosses larmes rouler dans ses yeux. Le géant pleurait. Ce trait touchant et sublime de dévouement fraternel avait remué jusqu'au fond du cœur cet homme grossier, dur et qui paraissait inaccessible à tout sentiment de pitié. Le gardien, qui avait compris ce que le noble enfant venait de dire, ne put se défendre de céder à la même émotion.

Aussi se fit-il en ce moment un solennel silence que nul ne songea à troubler. Il vous eût semblé que l'horrible cachot de la Bastille fût transformé pour un instant en un lieu saint, car les deux prisonniers, Lazare et le geôlier, tous ensemble élevaient leur âme vers Dieu comme dans une prière. Sans doute, si le roi, pendant ce moment, avait pu se trouver présent à cette scène muette, il n'aurait pu s'empêcher de faire grâce aux pauvres enfants, et son cœur n'eût pu rester fermé à la commisération.

Ce silence avait duré deux ou trois minutes. L'homme de la rue du Feurre le rompit le premier.

— Mais, mon cher enfant, reprit-il en s'adressant à Jacques d'une voix qui n'avait plus la même rudesse qu'auparavant, comment ferons-nous quand tu n'auras plus une seule dent à me fournir ? Il faudra bien qu'alors je finisse par en arracher deux à ton frère qui en souffrira doublement.

— Oh ! d'ici là il aura le temps de se rétablir, répliqua Jacques d'un ton ferme et décidé. Et qui sait ! Le roi peut-être adoucira sa rigueur, ou quelque secours inattendu peut nous arriver. Dieu est si bon que je ne désespère pas de sa miséricorde. Faites donc, brave homme, ce que je vous ai demandé, et nous prierons tous deux pour vous.

Alors le dentiste ne résista plus. Après avoir obtenu du geôlier la promesse du secret, il arracha deux dents au généreux enfant qui supporta la double opération avec le plus grand courage, de crainte de faire trop de chagrin à son puiné. Cependant François n'en avait pas moins deviné le sacrifice que l'affection de Jacques lui avait fait avec tant de joie. Aussi courut-il à lui en sanglotant, et le serra-t-il sur son cœur avec une inexprimable effusion. Heureux d'avoir pu épargner à son pauvre frère un moment de souffrance, l'aîné oublia, dans cet embrassement, la douleur qu'il éprouvait lui-même. Il se souvenait seulement que sa mère, au moment où ils étaient réunis tous trois au chevet du lit où elle allait rendre le dernier soupir, leur avait recommandé de bien s'aimer les uns les autres, et il s'applaudissait d'avoir obéi au vœu suprême de la mourante en même temps qu'à la voix de son propre cœur.

Quand Lazare, muni des deux dents de Jacques, entra dans le Louvre, il se heurta contre Coitier, qui sortait précisément du palais. Celui-ci s'arrêta aussitôt et l'apostropha d'un ton aigre et sec, en fronçant les sourcils.

— Hé ! maître, lui dit-il, avons-nous déjà opéré aujourd'hui les deux petits prisonniers ? Aurons-nous longtemps à leur tirer des dents et à gagner, par l'exécrable ministère que nous exerçons, un argent qui est maudit de Dieu et des hommes ?

— Ah ! maître Coitier, répondit le géant de la rue du Feurre avec un visible embarras, vous pouvez m'en croire, je donnerais tout au monde pour ne plus être forcé de remplir cet horrible office. C'est uniquement par commisération que je continuerai à aller auprès de ces deux infortunés.

Après quoi, il se mit à raconter au mire, avec une émotion dont on ne l'aurait pas cru capable, la scène touchante qui venait d'avoir lieu à la Bastille, et dont il avait été lui-même témoin et acteur tout ensemble. A ce récit, Coitier, dont le front s'était déridé par degrés, se sentit attendri jusqu'au fond du cœur. Il serra affectueusement la main au dentiste et lui murmura à voix basse :

— Nous nous reparlerons tantôt. J'irai vous voir chez vous.

Lazare, ayant été admis auprès du roi, déposa sur la table les deux dents de Jacques.

— Eh bien, compère, lui demanda Louis d'un ton de bonne humeur, comment se portent mes jeunes lions ? Penses-tu qu'ils seront capables encore de mordre quand ils n'auront plus de dents ?

— Sire, répliqua le géant, je pense que le plus jeune des deux aura bientôt cessé de vivre, tant je l'ai trouvé affaibli. Quant à l'autre, il y passera un peu plus tard ; car l'un ne saurait vivre sans l'autre.

— Tant mieux, reprit le roi avec une indifférence où se manifestait toute la dureté de son cœur. Tant mieux ; car ils t'épargneront la peine d'achever de leur tirer les dents, et à moi celle de m'occuper d'eux désormais.

— Vu l'état presque désespéré où se trouve le plus jeune, Votre

Majesté veut-elle que je continue à l'opérer? demanda Lazare avec un calme plus apparent que réel.

— Certainement, je le veux, répondit Louis. Tu continueras aussi longtemps qu'il aura la force de desserrer les mâchoires.

— Fort bien, sire, repartit le dentiste.

Puis, ayant pris congé du roi, il sortit à reculons du cabinet et se retira.

Le lendemain, Louis lui adressa la même question que la veille :

— Eh bien, compère, comment se portent nos petits lions? Le plus jeune ne va-t-il pas un peu mieux?

— Sire, répliqua l'opérateur, la maladie a fait des progrès si rapides que j'ai grand'peur de ne pouvoir apporter demain qu'une seule dent à Votre Majesté. Vous ne sauriez croire combien d'efforts il m'a fallu faire pour introduire ma pince dans la bouche du plus jeune des deux prisonniers. Il suffit que je le touche, pour qu'il tombe à l'instant même dans d'effrayantes convulsions et serre les mâchoires ni plus ni moins que les lèvres d'un étau.

— Pâques-Dieu, cela vient à souhait! exclama le roi avec un sang-froid qui vous eût glacé de stupeur. Car, soit dit entre nous, ce qui peut lui arriver de plus heureux, c'est de mourir avant d'avoir mis en pratique les leçons que son père lui a données par ses détestables exemples. Sur ce, maître Lazare, que Dieu veuille t'avoir en sa sainte et digne garde!

C'était par ces paroles sacramentelles que Louis avait coutume de congédier les gens qui lui avaient apporté quelque bonne nouvelle, ou dont il voulait remercier le zèle par un témoignage de politesse.

— Coitier, mon ami, dit-il un peu plus tard à son mire, sais-tu ce que notre arracheur de dents vient de m'apprendre? Il m'a dit que le plus jeune des Armagnac se trouve malade, et pourrait fort bien s'en aller prochainement quelque part d'où l'on ne revient plus. Je désire donc que tu te rendes à la Bastille et qu'après avoir examiné l'état du garçon, tu viennes m'en rendre compte aussitôt. Car maître Lazare peut être fort expert dans son état, sans l'être pour cela d'un cas de maladie et de ce qui peut s'ensuivre.

Le mire s'empressa d'exécuter l'ordre du roi, et revint immédiatement au Louvre pour donner à son maître connaissance de ce qu'il avait vu.

— Sire, lui dit-il, Lazare a parfaitement jugé l'état du malade. Le jeune Armagnac aura de la peine à atteindre la journée de demain. Cela est facile à voir, et vous le diriez vous-même au premier coup-d'œil. Du reste, il n'y a rien d'étonnant à ce qui arrive. Être enfermé jour et nuit dans une cage où le corps se trouve constamment dans une position forcée, tellement qu'on ne peut ni se tenir debout, ni s'asseoir, ni se coucher; être privé d'air et de mouvement; passer chaque jour par les mains d'un massacre ; avoir pour toute nourriture du pain noir que les gencives endolories ne peuvent pas seulement mâcher ; vivre dans des transes et des angoisses auxquelles rien ne permet d'espérer un terme, en voilà plus qu'il n'en faut pour briser une nature aussi délicate que celle de cet enfant.

Louis écouta ce rapport, sans qu'un seul trait de son visage manifestât la moindre émotion et même sans cesser de compter et de recompter les petites dents blanches que contenait la cassette ouverte sur la table.

Coitier devait s'attendre à ce que son maître lui répondit au moins quelque chose. Mais celui-ci gardait un silence obstiné, durant lequel vous eussiez entendu seulement le bruit crépitant que les dents produisaient en tombant les unes après les autres au fond de la cassette d'ébène comme les perles d'un collier dont le cordon se serait rompu.

Comme Louis ne faisait pas mine de vouloir répondre, le mire reprit :

— Sire, veuillez me permettre de vous faire une prière en vue de la science, en vue de l'humanité et peut-être de vous-même....

— De moi-même ? interrompit le roi sans attendre que Coitier eût formulé sa requête.

— Oui, de vous-même, sire, répliqua l'oncle d'Hugo. Permettez que je m'explique. Un médecin comment peut-il étudier la nature d'une maladie et le genre de remède qu'il doit employer pour la combattre, si le siége du mal, l'intérieur du corps humain lui reste caché et par conséquent inconnu ? Un vain préjugé, une funeste superstition s'oppose à ce que les corps humains soient livrés à l'étude des gens de l'art ; c'est seulement en secret et à grand renfort d'argent qu'on peut se procurer un cadavre. Veuillez donc, sire, m'octroyer les corps des deux Armagnac quand ils auront cessé de vivre. Par ce cadeau Votre Majesté méritera bien de l'humanité tout entière.

— Par Notre-Dame d'Embrun ! exclama aussitôt Louis, si toutes les demandes qu'on m'adresse étaient aussi modestes que les tiennes, ce serait merveille, en vérité. Je te donnerai bien volontiers les deux garçons, dès qu'ils ne seront plus du nombre des vivants. Avant ce soir, je ferai expédier au commandant de la Bastille une commission écrite à ce sujet. Mais, dis donc, mon compère, que faites-vous, vous autres mires, des corps que vous avez mis en pièces, après que votre curiosité ou votre science y a vu ce qu'elle désire ?

— Ce que nous en faisons ? Nous les enterrons, sire, comme on fait des autres corps. Seulement ceux qui nous ont ainsi passé par les mains ont cet inappréciable avantage d'être bien certains de n'avoir pas été mis en terre sans avoir perdu le dernier souffle de vie.

Ni Lazare ni Coitier ne pouvaient être soupçonnés d'avoir trompé le roi sur l'état de François d'Armagnac.

En effet, le pauvre enfant s'affaiblissait chaque jour davantage, et il semblait dépérir à vue d'œil. Il ne touchait plus à la croûte de pain que le geôlier lui apportait chaque matin, pour la remporter le lendemain entièrement intacte. Mais en revanche, avant que la moitié du jour fût écoulée, sa cruche d'eau se trouvait entièrement vide ; car il buvait sans cesse, tant était grande la soif que lui donnait la fièvre dont il était dévoré.

Ces symptômes ne purent échapper à l'œil vigilant de son frère qui remarqua avec effroi que l'enfant devenait toujours plus tranquille dans sa cage, qu'il ne répondait plus qu'en simples monosyllabes et d'une voix de plus en plus faible, que sa respiration était plus rapide et plus irrégulière, qu'il ne mangeait plus, et qu'il était tourmenté d'une soif que rien ne pouvait étancher.

— Cher petit frère, lui dit Jacques avec une pénible anxiété, es-tu donc si malade? Tends-moi la main à travers les barreaux, afin que je sente si elle est froide et si tu as la fièvre.

— Au nom du Ciel, laisse-moi, répondit François avec l'accent de la supplication. Je suis si fatigué, mes bras et mes jambes s'alourdissent comme s'ils étaient de plomb. J'aimerais tant dormir un peu !

— Alors prends au moins mon morceau de couverture, reprit l'aîné. Voilà aussi mon pourpoint, afin que tu sois mieux couché.

— Merci, mon frère bien-aimé, repartit l'enfant avec reconnaissance. Garde ta couverture et ton pourpoint. Je pourrai bien dormir sans cela. Maintenant laisse-moi tranquille, je t'en prie. Bonsoir, frère.

— Bonsoir, a-t-il dit ! murmura Jacques en lui-même. Pourtant nous sommes à peine à la moitié de la journée. Mais ce mot de quel ton étrange il l'a prononcé! On croirait qu'il a voulu dire : « Adieu pour toujours ! »

Puis, collant plus étroitement sa figure contre les barreaux de sa cage :

— François, continua-t-il à voix haute, un seul et dernier mot encore, si tu ne veux me causer une mortelle inquiétude. Cher frère, assure-moi bien que tu ne songes pas à… mourir.

Ce dernier mot il ne put le proférer que dans un sanglot déchirant.

Après avoir prêté l'oreille pendant quelques secondes, et s'être assuré que l'enfant ne répondait plus, Jacques éprouva un frisson de terreur et se sentit glacé des pieds à la tête.

— Il ne m'entend plus ! O mon Dieu ! mon Dieu ! écoutez donc ma prière !

Il essaya vainement de se mettre à genoux; en levant les deux mains vers le Ciel, il commença à prier du fond de son âme :

— Seigneur, daignez me conserver mon frère. J'ai consenti du plus profond de mon cœur à donner mes dents pour lui épargner un moment de souffrance. Je ne donnerais pas avec moins de joie ma vie pour conserver la sienne. Il est bien meilleur que moi; ne le laissez donc pas mourir. Seigneur, je vous en conjure par les angoisses de votre passion, par les douleurs que votre sainte Mère a souffertes, par les tourments des martyrs qui vous ont fait le sacrifice de leur sang en confessant votre nom! Que s'il vous plaît de l'appeler à vous, permettez que je meure aussi; car je ne puis ni veux vivre sans lui. Faites qu'on nous mette tous deux dans le même cercueil et dans le même tombeau. Faites aussi que nous soyons ensemble auprès de notre bonne mère qui est dans le ciel. Oh! daignez m'écouter, mon Dieu, et ne me laissez pas vous implorer en vain!

Ayant dit cette prière avec toute la ferveur de son âme, mais en l'entrecoupant, à chaque moment, de larmes et de sanglots, il fixa de nouveau les yeux sur son frère. Mais celui-ci ne faisait plus le moindre mouvement, et il paraissait plongé dans un profond sommeil.

— Comme sa respiration est précipitée! murmura Jacques avec une inquiétude toujours croissante. Et quels gémissements douloureux il pousse par intervalles! Ah! s'il avait seulement une meilleure couche où reposer, ne fût-ce que le banc de bois qui est là-bas! S'il avait au moins accepté mon lambeau de couverture et mon pourpoint! Il dormirait plus tranquillement sans doute. Mon Dieu! je suis si près de lui, et il ne m'est pas seulement possible de le toucher. Comme je serais heureux de pouvoir tenir sa tête sur mes genoux afin qu'il reposât plus doucement, ou sur ma poitrine, comme faisait notre bonne mère en nous berçant dans ses bras quand nous étions tout petits!

Pendant qu'il se parlait de la sorte, il ne cessa de tenir le visage collé contre les barreaux et les prunelles fixées sur son frère, en écoutant avec une indicible anxiété la respiration de plus en plus rapide de l'enfant qui continuait à dormir.

Ainsi vint le soir.

Ainsi vint la nuit.

Par moments, les yeux de Jacques, toujours tournés vers la cage voisine, se fermaient sous le poids du sommeil. Mais il les rouvrait presque aussitôt, et de nouveau il regardait malgré l'obscurité, et de nouveau il prêtait l'oreille.

Vers minuit, il cessa d'entendre respirer François.

Alors une angoisse horrible, que les ténèbres et le silence augmentaient encore, navra le cœur du jeune prisonnier.

— Mon frère, balbutia-t-il d'une voix presque étouffée, dors-tu toujours? Comment te trouves-tu maintenant? Au nom du Ciel, au nom de notre mère, rassure-moi donc par un seul mot.

Comme l'enfant ne répondait ni ne bougeait, Jacques se mit à crier plus fort. Mais il eut beau répéter ses cris, le même silence continuait à régner.

— Mon Dieu! mon Dieu! exclama-t-il alors en se tordant les bras, ne le laissez pas mourir, ou laissez-moi mourir avec lui! Pitié, Seigneur! pitié!

Au milieu de ces cris, de ces prières, de ces transes sans nom, le prisonnier épuisé s'affaissa à son tour dans sa cage et s'endormit.

A la première lueur de l'aube, il se réveilla en se reprochant d'avoir pu céder au sommeil pendant que le sort de son frère se décidait peut-être. Sa première pensée et son premier regard furent pour le petit malade. Il le vit toujours immobile, et ne l'entendait plus respirer.

— Mort! mort! s'écria-t-il tout à coup avec l'accent du plus profond désespoir.

En ce moment, le geôlier se disposait à ouvrir la porte de la chambre pour procéder à la visite qu'il faisait chaque matin aux deux jeunes prisonniers. Avant même qu'il eût tiré les verrous, il entendit les cris déchirants de Jacques. Quand il fut entré, il s'arrêta un moment à contempler le navrant spectacle qui s'offrait à ses yeux. Il vit le plus âgé des deux captifs ébranler de toutes ses forces les barres de sa nasse de fer, en poussant des sanglots et des hurlements presque sauvages, sans détacher ses regards de celle où son frère gisait inanimé.

L'enfant était si complétement absorbé par sa douleur, qu'il n'avait pas entendu ouvrir la porte, ni remarqué la présence du gardien, ni vu celui-ci secouer tristement la tête en essuyant une larme.

Il n'aperçut le geôlier qu'après quelques secondes, et lui cria d'une voix désespérée :

— Mon frère est mort! De grâce, laissez-moi sortir! Laissez-moi aller auprès de lui, car je veux mourir aussi. Laissez-moi sortir, au nom du Ciel!

Le geôlier commença par ouvrir la cage où François était enfermé. Il trouva l'infortuné immobile, déjà tout refroidi, et affaissé sur lui-même au fond de l'entonnoir de fer. Sans en refermer la porte, sans écouter les supplications de Jacques, il s'élança hors de la chambre, pour y rentrer, quelques moments après, accompagné du commandant de la Bastille et de plusieurs autres officiers attachés au service de cette hideuse forteresse. Tous entourèrent en silence la cage au fond de laquelle l'enfant se trouvait sans souffle et sans mouvement. Ayant reconnu que le petit prisonnier était réellement mort, le commandant ordonna qu'on retirât le corps de l'endroit où il était; et, cédant à un mouvement de pitié, il permit que Jacques sortît pour quelques moments. A peine libre, celui-ci se jeta comme un insensé sur la dépouille inanimée de son frère, dont il baisa les joues glacées et qu'il baigna de larmes en s'écriant :

— Tu es donc parti sans m'emmener avec toi! J'ai pourtant prié avec une grande ferveur pour que tu n'allasses pas seul rejoindre notre mère dans le Ciel! Dieu n'a donc pas daigné m'écouter! Et toi tu ne m'as pas laissé un seul mot d'adieu, tu ne m'as pas même voulu m'annoncer le moment où tu me quittais! Tu m'as seulement dit bonsoir, comme tu faisais chaque jour avant de t'endormir. Si tu m'aimes au-

tant que je t'aime, prie le bon Dieu, prie avec notre mère, afin qu'il
m'appelle aussi à lui et que nous puissions reposer dans la même
tombe. Mais comme tu es amaigri ! A peine si tes membres tiennent
encore ensemble. Aussi, pauvre petit, comme tu as souffert ! Voilà
bien des jours que tu n'as plus touché à ton pain, si souvent que je
t'aie engagé à le faire tremper dans ton eau. Un seul mot encore, mon
frère. Eprouve-t-on beaucoup de douleur en mourant ? Oh ! non, n'est-
ce pas ? Car tu aurais crié, tu aurais gémi, comme tu faisais lorsqu'on
t'arrachait les dents.

Ici la voix de l'enfant s'éteignit dans des sanglots navrants. Il semblait devenu une image vivante du désespoir. Aussi tous les témoins
de cette scène en furent-ils touchés jusqu'au plus profond de leur cœur.
On le laissa donc se livrer à tout l'épanchement de sa douleur, et on
eut même assez de charité pour ne pas le séparer, en ce moment, des
restes de son infortuné frère. Seulement le gouverneur de la Bastille
se hâta de dépêcher des messagers au roi et à Coïtier pour les informer
de la mort du jeune prince.

Dans ces entrefaites, Lazare entra. Il venait faire son opération
accoutumée. Ainsi qu'il l'avait annoncé au roi, il n'eut, ce jour-là, à
tirer qu'une seule dent. Jacques s'y prêta de lui-même, comme s'il eût
besoin de faire diversion par quelque souffrance physique à la souffrance morale qu'il éprouvait ; et, prenant place sur le banc, il dit au
géant de la rue du Feurre :

— Brave homme, comme je vous bénirais, si vous pouviez aussi
m'arracher le cœur !

Au moment où Coitier arriva pour enlever le corps de François,
il y eut une nouvelle explosion de désespoir. Jacques ne voulut pas
se séparer de son frère, et il s'y attacha de toutes ses forces. Il fallut
que Lazare et le geôlier se réunissent pour lui faire lâcher prise.
Alors il sentit ses genoux fléchir et tomba évanoui sur les dalles
du pavé.

— Coitier plus mort que vif, le souleva dans ses bras et le coucha
doucement sur le banc. Puis, posant une main sur le front de l'enfant,
il murmura à voix basse :

— Console-toi, pauvre petit. Tu seras bientôt réuni à ton frère.

Cette prédiction du mire royal ne tarda pas à s'accomplir.

En effet, Lazare ne répéta plus que deux fois son opération sur le
prisonnier qui restait.

Le troisième jour, il parut devant le roi, les mains vides, et lui
annonça qu'il n'avait plus rien à faire à la Bastille, Jacques d'Arma
gnac étant mort aussi.

———◦◦◦———

XI. — LES MORTS RESSUSCITENT.

Il arrive souvent que la vertu ne trouve pas sa rémunération, ni le mal son châtiment sur la terre. Mais c'est là précisément une des preuves les plus consolantes de l'immortalité de l'âme et d'une vie future. Dans l'autre monde, la justice divine, qui n'oublie rien, pèse le bien et le mal. C'est à elle de juger l'inflexible cruauté que Louis XI exerça sur les infortunés enfants du duc de Nemours.

Cependant, hâtons-nous de le dire, l'odieux monarque fut déçu dans ses projets inhumains, et Dieu ne voulut pas qu'ils fussent réalisés. Car les deux prisonniers vivaient encore, et ce fut presque un miracle.

Nos lecteurs se souviendront, sans doute, qu'un jour Coitier, en rencontrant Lazare sur le seuil du Louvre, lui avait dit :

— Nous nous reparlerons.

C'est que le mire avait reconnu chez le dentiste de la rue du Feurre des sentiments d'humanité qu'il ne s'était guère attendu à trouver dans une nature si grossière en apparence. Aussi crut-il, dès ce moment, pouvoir mettre en lui toute sa confiance, et concerter avec lui un plan pour tirer les deux jeunes captifs de la position horrible où ils étaient.

Après y avoir mûrement réfléchi, Coitier ne trouva qu'un seul moyen, mais un moyen singulièrement dangereux, car il pouvait entraîner la mort des deux enfants. Cependant il se décida à l'employer, et mit l'honnête Lazare dans le secret. Il s'agissait d'administrer au plus jeune, au plus faible des deux frères, un narcotique qui lui donnât toutes les apparences de la mort. Une fois sous l'influence de ce breuvage, l'enfant endormi serait transporté dans la maison de Coitier, qui avait eu soin de demander d'avance au roi les corps des prisonniers, et qui s'empresserait de le réveiller à l'aide d'une forte décoction de café, graine simplement employée en médecine au XV° siècle.

Lazare se prêta de tout cœur à cette combinaison désespérée. Le jour même qui précéda la mort apparente de François, il avait habilement profité du moment où, les deux dents de Jacques arrachées, le gardien s'occupait d'aider le patient à se rincer la bouche, pour verser la potion soporifique dans la cruche d'eau destinée au plus jeune des deux prisonniers.

La fraude pieuse réussit au delà de toute espérance, et l'enfant se réveilla dans les bras du mire.

Celui-ci, heureux du succès de sa tentative, eût voulu, dès le lende-

main, essayer de pourvoir de la même manière au salut de Jacques.
Mais il fut arrêté par la crainte que le roi ne conçût quelque soupçon
en voyant la mort du second prisonnier suivre de si près celle du
premier. Il résolut donc d'attendre cinq ou six jours, et Lazare par-
tagea cet avis. Cependant le dentiste, témoin chaque matin du désespoir de l'enfant, n'eut pas la force de résister davantage; et, dès le
second jour, il versa la potion dans la cruche du frère aîné. Cette fois,
comme l'avant-veille, la fraude réussit. Jacques fut sauvé à son tour;
et, le lendemain, le brave Lazare put annoncer au roi que sa mission
à la Bastille était finie, les deux princes ayant cessé de vivre.

De cette manière fut procuré le salut de ces enfants si dignes l'un
de l'autre.

Mais l'œuvre de Coïtier et de son pieux complice n'était pas
complète.

Avant de procéder à l'enterrement fictif des deux prisonniers, le
mire alla hardiment demander au roi comment il voulait qu'ils
fussent inhumés.

— Pâques-Dieu! cela te regarde, répondit Louis d'un ton de
mauvaise humeur. Je ne me mêle point d'empiéter sur l'office des
croque-morts.

— Et Votre Majesté ne désire pas au moins les voir avant que
je les fasse mettre en terre? reprit Coïtier en continuant à jouer
d'effronterie.

— Dieu me pardonne, je pense que tu me prends pour un carabin,
répliqua le roi en fronçant les sourcils. Ignores-tu donc à quel point
l'odeur des morts me répugne? Et ceux-là, le Ciel sait comment tu me
les a déchiquetés.

Coïtier s'attendait à recevoir une réponse à peu près semblable de
Louis, à qui l'état de plus en plus précaire de sa santé inspirait une
invincible horreur de la mort. Aussi s'empressa-t-il de rentrer chez
lui, de faire façonner un cercueil assez large, d'y enfermer quelques
objets enveloppés de vieilles hardes, de le clouer avec soin et de le
transporter, le soir, au cimetière de Saint-Germain-des-Prés.

Deux jours plus tard, vers la nuit tombante, une litière conduite
par Lazare et portée par deux mulets, sortit de la maison que le mire
occupait dans la rue Saint-André-des-Arts, et s'achemina lentement
vers une des portes de la ville, en traversant ce vaste dédale de
ruelles, qui formaient, au XVᵉ siècle, une sorte d'enchevêtrement
inextricable entre l'île de la Cité et l'emplacement où fut bâti plus tard
le palais du Luxembourg.

Quelques voisins, à la vérité, avaient remarqué cet équipage au
moment, où, débouchant par la porte de derrière de l'habitation de
Coïtier, il s'était mis en marche. Cependant aucun d'eux ne conçut le
moindre soupçon; car on était habitué à voir presque tous les jours

un attirail semblable se diriger vers la maison du célèbre médecin ou en revenir, soit pour y amener des malades, soit pour les reconduire chez eux.

La litière avançait toujours, mais avec une telle lenteur qu'il était aisé de voir qu'elle ne devait pas aller bien loin. En effet, après deux ou trois heures de marche, elle avait atteint les hauteurs de Meudon, où elle s'arrêta tout à coup. Là elle fut rejointe par un cavalier qui, s'adressant à Lazare, lui dit :

— Par ici, mon ami, suivez-moi.

A ces mots, le dentiste de la rue du Feurre fit dévier légèrement son équipage vers la droite dans la direction de Chaville, et suivit le cavalier à travers les bois qui couvrent encore en partie les collines dont les ondulations se prolongent entre Fontenay-aux-Roses et Montreuil.

Au plus épais de ces ombrages, s'élevait une petite maison isolée qui semblait faite tout exprès pour l'étude ou pour la rêverie. Abritée contre le vent du nord par un mouvement de terrain qui lui formait comme une sorte de rempart naturel, elle regardait le midi qui lui envoyait toujours les plus chauds rayons du soleil. Les douces et vivifiantes émanations des arbres et des fleurs embaumaient l'air tout à l'entour, et une source d'eau vive, dont les petits flots couraient en frétillant dans l'herbe, baignait un vaste jardin qui, entouré de hautes murailles, précédait, comme un vestibule végétal, cette charmante et calme demeure.

Arrivé devant cette maison, le cavalier dit à Lazare :

— C'est ici.

Au même instant la litière fit halte.

Le cavalier descendit des étriers, passa la bride de sa monture autour du bras gauche et fit jouer le marteau de la porte. Quelques secondes après, celle-ci s'ouvrit, et sur le seuil apparurent deux vigoureux personnages dans lesquels il était aisé de reconnaître deux domestiques du cavalier, rien qu'à voir les marques de respect et de soumission qu'ils lui témoignaient. L'un d'eux se hâta de prendre la bride du cheval que son maître lui remit sans dire un mot. Après quoi, ce dernier fit signe à l'autre valet d'aider Lazare à introduire la litière dans le jardin.

— Enfin, messire Coitier, dit le dentiste au cavalier (car celui-ci n'était autre que le mire royal lui-même), voici nos malades arrivés à bon port. Dieu fasse que la fièvre les quitte bientôt !

— Nous ferons tout ce que nous pourrons pour y réussir, répondit l'oncle d'Hugo.

— Quand vous vous en mêlez, voyez-vous, les morts ressuscitent, reprit le géant.

— Mon ami, Dieu seul sait faire des miracles, et l'homme ne peut qu'aider au travail de la nature avec le secours de Dieu, repartit Coitier. Maintenant voyons dans quel état se trouvent nos malades.

— Je crois qu'ils dorment encore, répliqua le dentiste en écartant les rideaux de la litière.

— Tant mieux, murmura le mire.

Puis il regarda les deux enfants qui étaient couchés au fond du véhicule et dans lesquels nos lecteurs ont peut-être déjà reconnu les deux petits prisonniers de la Bastille, Jacques et François d'Armagnac.

Après s'être assuré qu'ils continuaient à dormir, il prit dans ses bras le plus jeune des deux frères, le souleva doucement et le porta dans la maison, en recommandant à Lazare d'en faire autant de l'aîné, pendant que le valet veillait à l'attelage.

Bientôt les malades se trouvèrent couchés dans de bons lits.

Une fièvre ardente ne cessait de les tourmenter. Mais, grâce aux soins empressés de Coitier, qui venait les visiter toutes les nuits dans sa petite maison du bois de Meudon, la fièvre diminua par degrés, et elle ne tarda pas à disparaître complétement.

Quand Jacques ouvrit pour la première fois les yeux, il crut qu'il se réveillait dans un autre monde. Tout à côté du lit où il se trouvait couché, il en aperçut un autre qui était d'une blancheur éblouissante et sur lequel était étendu François, son frère bien-aimé, dont il avait si amèrement pleuré la mort et dont la figure lui souriait avec une douceur extrême. Plus loin il vit assise dans un fauteuil à bras la bonne Michelet qui, portant tour à tour ses regards d'un lit à l'autre, exprimait sa joie par des larmes silencieuses et tenait à la main une cuiller vide avec laquelle elle venait de couler entre les lèvres de François une potion rafraîchissante. Vers la fenêtre, il remarqua Toinette qui conduisait par la main le petit Riche et qui lui amenait l'enfant dont le visage rayonnait et dont la bouche encore peu exercée balbutiait le nom de Jacques.

Il semblait que ce fût une résurrection des êtres qu'il avait laissés vivants sur la terre, et le tableau eût été complet, si son père, sa mère, sa sœur et Hugo avaient été là.

Épuisé par l'émotion qu'il venait d'éprouver en apercevant autour de lui toutes ces créatures bien-aimées, Jacques laissa retomber sa tête sur l'oreiller, referma les paupières, et personne ne se hasarda de le réveiller ni de lui adresser une parole.

Cependant, après une demi-heure de repos, il rouvrit les yeux et regarda fixement son frère qui lui tendait la main en lui disant à voix basse :

— N'est-ce pas, Jacques ? Comme on dort bien ici !

— Oh ! oui, murmura Jacques d'une voix presque inintelligible, pendant que sa tête s'affaissait de nouveau sur le moelleux oreiller où elle avait reposé.

Pendant plusieurs jours, les deux enfants se trouvèrent naturellement dans un état de faiblesse extrême. Aussi bien l'absence du sommeil, les tortures qu'ils avaient subies, la mauvaise nourriture qui leur avait été donnée pendant leur séjour à la Bastille, les avaient transformés de telle sorte qu'on les eût pris pour des squelettes vivants plutôt que pour des être humains. Cependant ils reprirent peu à peu quelques forces. A mesure qu'ils se rétablissaient, les craintes et l'angoisse que la bonne Michelet et sa fille avaient éprouvées en les revoyant dans l'état misérable où leur captivité et leur martyre les avaient réduits, se changèrent en une joie, en une ivresse inexprimable. De son côté, le mire du roi, qui ne manquait pas de venir les voir chaque nuit, partageait la satisfaction de sa sœur et de sa nièce, et il n'eût pas échangé contre tout l'or du monde le plaisir qu'il éprouvait à la seule idée d'avoir rendu à la vie les deux infortunés enfants.

L'état des malades s'améliorait chaque jour, et bientôt ils manifestèrent le désir de quitter le lit. Coitier le leur permit graduellement, prolongeant de quelques minutes chaque jour le temps qu'il leur avait assigné d'abord pour rester levés ; car leurs pieds avaient été tellement tordus et endoloris dans les horribles cages de la Bastille qu'il leur fut longtemps impossible de se tenir debout, quoique le mire les leur fît frotter par intervalles avec des essences fortifiantes.

Grâce à la profonde science de Coitier et aux soins assidus de la veuve et de sa fille, la guérison des jeunes princes avançait à pas rapides ; de manière qu'ils purent enfin se tenir sur pied.

François devait au généreux dévouement de son frère de posséder encore une bonne moitié de ses dents. Mais Jacques n'avait plus que quelques molaires, de sorte qu'il ne put prendre pour nourriture que des pâtes molles ou des liquides. Néanmoins la gêne extrême qui résultait pour lui de ce mode d'alimentation, il la supportait avec joie et avec le sentiment de la plus vive reconnaissance et envers le brave Coitier qui avait été d'une façon si merveilleuse l'instrument de la Providence ; car le plus souvent nous n'apprécions qu'après avoir beaucoup souffert, un bien réel dont nous négligions auparavant de reconnaître le prix.

Ce fut un véritable jour de fête pour les deux enfants que celui où ils purent descendre pour la première fois au jardin, où les arbres achevaient de mûrir leurs fruits aux premiers rayons du soleil d'automne. Il fallait voir les jeunes malades s'épanouir à cette douce chaleur, et se sourire gaiement l'un à l'autre en comparant, dans leur esprit, cette charmante et radieuse clarté aux ténèbres effrayantes où ils avaient passé tant de jours et de nuits dans la morne enceinte de la Bastille ! Cette tiède saison fut pour eux comme un second printemps. Ils s'y ranimèrent comme deux plantes qui, blessées par un orage printanier, se relèvent sur leur tige plus belles et plus brillantes quand les dernières brises de l'été font sentir leur souffle réparateur. Aussi l'air et le soleil ne tardèrent pas à les rendre complétement à la santé.

Comme Jacques et son frère étaient censés morts aux yeux du monde, ils se décidèrent à renoncer au nom de Nemours et d'Armagnac qu'ils avaient porté jusqu'alors, et ils ne voulurent plus être appelés désormais que Michelet, du nom de leur mère adoptive. Mais Coitier s'y opposa formellement.

— Moi aussi j'ai des droits sur vous, mes enfants, leur objecta-t-il en souriant; car certainement vous ne vivriez plus si, avec l'aide de Dieu, je ne vous avais sauvés de la mort. En cela je n'ai eu qu'un petit mérite, n'ayant rempli qu'un simple devoir d'humanité. Mais je demande, en récompense de mes peines, qu'à l'avenir vous portiez mon nom, car je n'ai ni femme ni enfants à qui le laisser. Pour le reste, vous pouvez vous regarder tous comme frères et sœurs, mon héritage devant être commun entre vous.

Le bonheur dont la petite famille, ainsi réunie par la grâce de Dieu, jouit dès ce moment, aurait été complet, si Marguerite et Hugo n'y eussent manqué. A la vérité, on savait que celui-ci vivait encore. Mais Marguerite on ignorait ce qu'elle était devenue. Heureusement Coitier était mieux instruit du sort de cette enfant par ses relations quotidiennes avec la cour. Il put donc rassurer ses fils adoptifs sur la destinée de leur sœur, qui était traitée avec la plus grande sollicitude dans le monastère où elle avait trouvé un asile. Du reste, Louis avait trop à faire avec ses adversaires vivants pour s'occuper encore de la descendance d'un ennemi renversé et détruit, surtout quand cette descendance ne consistait plus qu'en une simple jeune fille.

Quant à Hugo, toujours connu, dans la rue Saint-Michel, sous le nom fleuri de Jasmin, il continuait à travailler vaillamment chez maître Escabeau, qui, n'ayant point d'héritier direct, songeait, de même que sa femme, à laisser au brave garçon le glorieux titre de premier pâtissier du roi; car tous deux le considéraient comme leur fils. Une fois par mois, il se dirigeait, sous le prétexte d'une promenade, vers le bois de Meudon, et venait voir sa bonne mère, sa sœur et les jeunes d'Armagnac, gardant sur le but de ces visites le plus grand mystère; car il savait que la vie des petits princes dépendait de la stricte observation du secret. Nous n'avons pas besoin d'ajouter que chaque apparition du jeune homme dans la maisonnette de son oncle y faisait naître une double allégresse. Non-seulement elle y ramenait un des membres bien-venus de l'heureuse famille, mais encore elle opérait une agréable diversion à la vie un peu monotone qu'on devait naturellement mener dans cette solitude.

La veuve Michelet s'applaudissait, chaque jour davantage, d'avoir pu, avec le secours de la Providence, tenir la sainte promesse qu'elle avait faite à la duchesse mourante dans le souterrain de Carlat. Elle semblait rajeunir, et rendait, tous les matins, grâce au Ciel d'avoir encore assez de force pour remplir le pieux devoir dont elle s'était chargée.

Cependant, plus elle voyait heureux et contents les enfants qui l'entouraient et entre lesquels son affection se partageait avec une égale sollicitude, plus elle sentait revivre dans son cœur le souvenir de son fils aîné, Baudouin, qui avait si mystérieusement disparu en portant un message adressé par le duc de Nemours à Pierre de Bretagne. Chaque soir elle récitait et faisait répéter par les enfants une prière pour le repos du mort; car elle était convaincue que Baudouin, absent depuis tant d'années, devait avoir cessé de vivre, sans quoi il aurait bien trouvé un moyen de faire parvenir de ses nouvelles à sa mère. Ces prières, Dieu les entendit, et sa miséricorde réservait une grande joie à la bonne et pieuse femme.

En effet, un jour Coitier conduisit à la petite maison de Meudon son neveu que tout le monde croyait perdu. Le pauvre garçon, étant tombé entre les mains des gens de Tristan, n'avait échappé à la corde que par une espèce de miracle, et on l'avait jeté comme simple mousse à bord d'un vaisseau royal. Après plusieurs longs voyages sur mer, il avait réussi à s'échapper et était venu à Paris trouver son oncle qui le ramena à sa mère.

On comprend quelle surprise et quelle allégresse toute la famille éprouva au retour de Baudouin. La veuve eut de la peine à croire que ce fût lui plutôt que son fantôme. Elle faillit devenir folle de joie; et, serrant son fils sur son cœur, elle s'écria:

— Mon Dieu, maintenant je puis mourir! Mon enfant que je croyais mort, le voilà qui m'est rendu!

Dès ce jour, plus rien ne manquait au bonheur de la charitable Michelet ni aux êtres chéris qui vivaient sous son aile. Ils pouvaient ensemble oublier le passé et tourner désormais avec confiance leurs regards vers l'avenir.

XII. — DOUBLE DÉNOUEMENT.

Louis XI avait, en partie par la force, en partie par la ruse et la perfidie, triomphé de tous ses adversaires, même de celui qu'il avait le plus redouté, Charles le Téméraire, duc de Bourgogne, et il avait incorporé leurs vastes domaines à celui de la couronne. Cependant il n'y avait personne en France qui comptât moins d'amis et qui fût moins

heureux. Les douceurs de la famille elles-mêmes lui étaient inconnues;
car il ne se fiait pas plus à ses proches qu'il ne les affectionnait.
Comme il ne leur avait jamais témoigné la moindre tendresse, et
qu'il s'était toujours montré d'une dureté extrême envers eux, ils
n'éprouvaient pas pour lui de meilleurs sentiments. C'était toujours
avec une vive répugnance, et seulement quand il ne pouvait absolument s'en dispenser, que le fils unique, l'héritier présomptif du roi, se
présentait devant son père, pour en recevoir des paroles amères ou
des reproches. Constamment agité de craintes, assiégé de terreurs,
soupçonnant partout des piéges et des trahisons, ne voyant autour de
lui que dagues et poignards, le défiant monarque avait quitté sa résidence de Paris et le voisinage de sa famille, pour se retirer dans le
château du Plessis, situé à peu près à deux mille pas à l'ouest de la
ville de Tours.

Cette espèce de forteresse, qui semblait une seconde Bastille,
s'élevait sur une petite éminence, protégée d'un côté par les eaux de
la Loire, de l'autre par celles du Cher, et était entourée de murailles
et de fossés. Elle avait vue sur les belles plaines de la rive gauche de
la Loire et sur le gracieux coteau de Saint-Cyr sur la rive droite. Deux
chemins conduisaient à cette farouche demeure à travers les bois
dont elle était environnée et dont les arbres avaient été abattus dans
un rayon qui correspondait en tous sens à la portée d'une fronde ou
d'une arbalète, pour permettre de reconnaître au loin l'arrivée de
quelque personnage suspect et de lui envoyer soit une pierre soit
une flèche.

Si le château ne se fût révélé de lui-même par son extérieur
farouche aux passants qui le regardaient de loin, on l'eût aisément
reconnu rien qu'à la double haie de gibets qui en bordaient les deux
avenues et auxquels pendaient les corps d'une quantité de malheureux,
coupables du seul crime d'avoir excité les soupçons de Tristan ou du
roi. Dans ces routes sinistres étaient semées, disait-on, dix-huit mille
chausse-trapes qui en rendaient le passage impraticable aux cavaliers;
et, pour peu qu'on s'écartât de ces chemins, on était presque sûr de
tomber dans un des innombrables trous de loup qui étaient creusés
partout dans le bois environnant.

Le manoir lui-même se composait de deux enceintes d'un caractère
tout à fait différent et dans chacune desquelles on pénétrait par un
pont-levis que défendait une énorme herse de fer.

La première, qui offrait un aspect sombre et militaire, consistait en
une ceinture formée d'un large fossé et de remparts d'une hauteur et
d'une épaisseur prodigieuses. La crête des murs, où veillaient jour et
nuit une multitude de sentinelles exercées au tir, était entourée d'une
fraise de pointes de fer placées horizontalement, afin de rendre toute
escalade impossible. Un obstacle du même genre garnissait le bord

des fossés. Outre ces moyens de défense, vous eussiez vu de distance en distance, saillir du couronnement des remparts une espèce de guérite de fer, appelée nid d'hirondelle, et d'où l'on pouvait, sans être aperçu, adresser une flèche à celui qui se serait imprudemment approché du château.

Après avoir franchi le pont-levis de cette enceinte, on passait sous une voûte assez longue et on entrait dans une cour autour de laquelle étaient étalées, le long des murs, deux lignes de chaînes, garnies de boulets ou de carcans et destinées aux prisonniers que la justice du roi ou souvent même un simple caprice faisait enfermer à Plessis : ces chaînes, on les appelait par dérision les fillettes du roi.

Quarante arbalétriers veillaient sans cesse sur la berge intérieure des fossés, et avaient ordre de tirer sur quiconque approcherait avant l'ouverture des portes qui avaient lieu assez tard dans la matinée. Comme Louis XI se défiait même de ses propres troupes, il avait à sa solde une garde particulière, qui se composait de quatre cents hommes et était exclusivement formée d'Ecossais, appelés les archers du roi. Ceux-ci occupaient l'intérieur de la forteresse, en défendaient les portes, fouillaient minutieusement tous ceux qui entraient, et faisaient de fréquentes patrouilles au dehors. En sus de cette garnison, il y avait constamment dans la cour un piquet de cavalerie, qui, toujours en selle, était prêt à partir au premier ordre.

Au centre des bâtiments se trouvait l'enceinte intérieure. On y entrait par un deuxième pont-levis et par un portail gothique. Elle se composait d'une cour fort spacieuse, mais d'un aspect beaucoup plus riant ; car elle était entourée d'arcades et de vastes bâtiments où se trouvaient les appartements royaux et dont les murs, percés de fenêtres accostées de statues, étaient richement ornés de festons taillés dans la pierre.

Louis, qui avait déjà été frappé d'un coup de sang, avait une peur horrible de la mort. Dans les dernières années de sa vie, cette peur s'accrut au point qu'il en devint aussi décharné qu'un squelette et qu'il n'en pouvait presque plus dormir. Chose étrange ! Ce même prince si parcimonieux, même si avare quand il était question d'une dépense personnelle, devint prodigue à l'excès dès qu'il s'agit de chercher les moyens de prolonger sa vie. Il dépensa des sommes considérables pour ses médecins. En une seule année, il donna à Coitier des présents qui s'élevaient à une valeur de quatre-vingt dix-huit mille écus, outre le traitement ordinaire de dix mille écus par mois qu'il avait assigné à maître Jacques. Non content de combler d'argent ses mires officiels, il les comblait aussi d'honneurs. Ainsi il conféra à Coitier le titre de premier président de la cour royale des comptes ; ainsi encore il pourvut un autre de ses médecins, Angelo Catto, du bénéfice de l'évêché de Vienne en Dauphiné.   *

Mais ce ne fut pas uniquement à la science médicale qu'il demandait des remèdes pour éloigner la mort. Il chercha aussi à s'assurer le secours plus efficace du Ciel. Cependant, au lieu de se rendre digne de cette assistance supérieure par un repentir sincère et par la pénitence, il crut qu'il suffisait de se procurer l'intercession des autres pour appeler sur sa tête la grâce et la miséricorde de Dieu.

A cette époque vivait en Italie un homme distingué par sa sainteté, Robert Retortillo, plus généralement connu sous le nom de François de Paule. On attribuait à ses prières une efficacité et une vertu toutes particulières, et l'on disait que par elles un grand nombre de guérisons miraculeuses avaient été opérées. C'est sur cet homme que Louis avait jeté les yeux, parce qu'il le tenait pour plus capable que tout autre de le réconcilier avec Dieu. Mais le pieux cénobite refusa d'abord de se rendre à la sollicitation du roi et de venir en France. Il fallut que le pape lui-même lui adressât deux brefs pour le décider à se rendre à Plessis-lez-Tours. Au moment où François de Paule parut devant le monarque, celui-ci se mit à genoux et le supplia de vouloir lui prolonger l'existence. A quoi le vieillard lui répondit qu'il eût à implorer la longanimité du Seigneur, et que lui-même il prierait pour le roi. Cependant ni les prières du saint, ni les œuvres de piété que la générosité royale le mettait à même de multiplier, n'amenèrent Louis à renoncer aux iniquités et aux actes perfides dont il avait pris l'habitude de se faire des moyens de gouvernement. Que pouvaient, dans de semblables circonstances, les intercessions les plus puissantes ? Que pouvaient les reliques que le prince demandait aux églises, aux évêques et au pape, et qu'il recherchait dans toutes les contrées de l'Europe? Rien ne réussit à aider le malade. Il empirait chaque jour, de sorte que les médecins, ne sachant plus à quels remèdes recourir pour le soulager ou le distraire, employèrent les moyens les plus extravagants et les plus insensés. Ainsi, par exemple, la tradition rapporte qu'on alla jusqu'à imaginer de lui faire boire du sang de jeunes enfants.

Autant le monarque mettait de soin à remédier à l'état de plus en plus précaire de sa santé, autant il s'ingéniait à en faire un mystère aux yeux de tout le monde, même aux yeux de ses proches. Pour ce motif, il affectait les dehors d'une gaieté qui était bien loin de son cœur. Il se livrait à des plaisirs presque puérils. Il faisait venir des pays les plus éloignés des meutes de chiens de chasse, des chevaux, des animaux rares et des étoffes précieuses. Il semblait même se faire une règle d'éviter tous les regards curieux ; et, quand il admettait parfois en sa présence quelque étranger, il avait soin d'envelopper sa maigreur des vêtements les plus somptueux, grâce à l'ampleur desquels il déguisait ses membres de squelette.

Par une belle matinée du mois d'août 1483, Coitier allait faire au roi sa visite accoutumée. Mais, arrivé près de la porte de la chambre du malade, il y entendit, à sa grande surprise, un vacarme extraordinaire. C'était un incroyable mélange de bruits de toute nature, des aboiements de chiens, des piétinements de bêtes, des gémissements étranges, puis des cris de joie et des éclats de rire.

— Ma foi! exclama le mire étonné en s'arrêtant tout à coup, on s'amuse là comme si le roi était mort.

Car il ne savait de quelle autre manière s'expliquer la cause de ce tapage inusité.

Il poussa donc la porte pour voir ce qui se passait en ce moment. Mais à peine l'eut-il entr'ouverte qu'une bande tout entière de petits chiens s'élança au devant de lui avec tant d'impétuosité que les animaux faillirent le renverser; et presque en même temps il les vit saisir à ses pieds la proie qu'ils poursuivaient et dans laquelle, à sa grande stupéfaction, il reconnut un gros rat.

Le roi, moitié assis, moitié couché, se trouvait sur son lit de repos et assistait tranquillement au spectacle bizarre de cette chasse. On eût eu de la peine à discerner si les traits décomposés de son visage offraient l'expression du plaisir ou celle de la souffrance. Auprès de lui se tenaient, outre quelques-uns de ses serviteurs les plus affidés, son ex-barbier Olivier le Daim et le redoutable Tristan, qui faisaient le plus de vacarme par leurs rires désordonnés, par leurs cris et par les bruyants encouragements qu'ils adressaient aux chiens.

— Au nom du Ciel, qu'est-ce que cela signifie? demanda Coitier en voyant une douzaine de rats qui gisaient étranglés et tout sanglants sur le plancher. Sire, comment Votre Majesté peut-elle admettre et souffrir dans sa chambre une vermine semblable? N'y a-t-il pas d'autre moyen de s'en débarrasser qu'une véritable chasse à courre?

— Ne vous y trompez point, maître Coitier, répondit Olivier; cette chasse nous l'avons organisée à dessein pour procurer quelque distraction au roi et lui fournir un amusement tout nouveau. Voyez donc quels rats superbes et de quelle taille extraordinaire ils sont! Nous les avons fait prendre vivants et lâcher ici pour servir de gibier aux chiens de Sa Majesté.

A cette réponse, le mire se mordit légèrement les lèvres, en songeant sans doute que c'était pitié de voir un prince, déjà si voisin de la mort, chercher encore des distractions dans les jeux aussi cruels.

Cette pensée, il allait l'exprimer tout haut, quand Louis, s'adressant brusquement aux personnages qui l'entouraient, leur dit:

— En voilà assez, mes compères. La chasse est finie. Emmenez ces chiens, emportez ces rats, et laissez-moi seul avec mon ami Coitier.

Quand tous, à l'exception du mire, se furent retirés de la chambre, le roi fixa sur son médecin un regard d'une expression si singulièrement narquoise, qu'on n'aurait pu deviner s'il voulait aboutir à quelque innocente plaisanterie ou à quelque ironie sérieuse. Ayant préludé par ce regard équivoque :

— Eh bien, Coitier, demanda-t-il d'une voix qu'il s'efforçait visiblement de rendre aussi vibrante que possible, comment me trouves-tu aujourd'hui ?

— Mais, sire, il me semble que Votre Majesté est parfaitement bien...

— Tu crois ?

— Sire, j'en suis certain pour nous deux.

— Allons, trêve de badinage, reprit Louis en agitant d'un air presque menaçant l'index osseux de la main droite devant les yeux étonnés du mire. Je vois parfaitement bien que tes poudres, tes pilules, tes élixirs, tes quintessences, en un mot, toutes les drogues empoisonnées que tu me fais prendre jusqu'à me donner des indigestions, ne me sont d'aucun secours, mais qu'elles servent, au contraire, à hâter merveilleusement ma fin. Aussi, vois-tu, mon compère, j'ai cru devoir m'adresser ailleurs, et je ne veux placer désormais ma confiance que dans un remède plus efficace, qui m'a été envoyé par mon bien-aimé cousin le roi d'Espagne ; car, il faut que tu le saches, c'est d'une dent bien authentique de saint Pierre que Sa Majesté catholique m'a gratifié. Tiens, je désire que tu la voies. Passe-moi le petit coffret qui est là sur la table, derrière toi. Je veux te la montrer, en même temps que me réconforter en la regardant.

A cet ordre, Coitier se retourna, s'approcha de la table, et, après avoir remué un grand nombre de petits reliquaires et de petites boîtes qui s'y trouvaient étalées, il prit une cassette de bois d'ébène qu'il présenta au roi en levant le couvercle.

— Que Notre-Dame d'Embrun me soit en aide ! s'écria Louis tout décontenancé en jetant un rapide coup d'œil dans l'intérieur de la cassette et en reculant comme s'il eût été touché par un fer rouge. Pâques-Dieu ! tu ne vois donc pas que ce n'est point la dent de saint Pierre ? Ce sont... ce sont les dents....

— N'importe ! interrompit vivement Coitier comme s'il eût voulu frapper un grand coup ; n'importe, ce sont des dents de martyrs aussi, et de martyrs innocents s'il en fut au monde. Sire, Votre Majesté a eu grand'raison de conserver soigneusement ces petites dents d'enfants, afin de pouvoir, au moment de votre mort, les restituer à ceux à qui elles ont appartenu et que vous avez torturés bien plus cruellement que les païens eux-mêmes ne firent l'apôtre saint Pierre. Car n'en doutez pas un seul instant, sire, les deux Armagnac seront les premiers que vous rencontrerez en entrant dans l'éternité et qui vous réclameront la restitution de leur bien.

Nos lecteurs s'en souviennent sans doute, un jour Coitier avait prédit au roi que les dents qu'il faisait arracher aux deux jeunes princes lui feraient plus tard des morsures bien plus cruelles que si elles étaient restées dans la bouche de ces infortunés. L'intention du mire était évidemment de montrer la réalisation de ce qu'il avait prédit, en rappelant à son maître la plus odieuse des cruautés dont il eût chargé sa conscience. Du reste, il ne faut pas s'étonner que Coitier eût enfin le courage de parler avec tant de fermeté et de franchise à un homme aussi redoutable que Louis XI. Car celui-ci comprenait fort bien que le terme de sa vie ne pouvait être éloigné, et, à vrai dire, il ne ressemblait pas mal au lion de la fable, au lion devenu vieux, à qui chacun peut impunément faire sentir les dents et les ongles. De son côté, Coitier était loin d'ignorer à quel point il était devenu indispensable au roi, qui, depuis longtemps, avait pris l'habitude de se laisser traiter sans le moindre ménagement par lui et par son collègue Angelo Catto. Cependant, cette fois, en évoquant d'une manière si effrayante le souvenir des jeunes Armagnac, et, en attachant, pour ainsi dire, les dents de ces infortunés à la conscience du vieux souverain, le mire alla peut-être un peu plus loin qu'il n'eût voulu. Car Louis entra dans une colère épouvantable. Ses yeux dardaient des éclairs ; ses mains se crispaient dans les coussins sur lesquels il s'était dressé à demi, et d'une voix rauque il s'écria avec un emportement que son médecin ne lui avait jamais vu :

— Coquin d'enfer ! Ingrat fripon ! Est-ce pour me tourmenter de la sorte que je t'ai comblé d'or et d'honneurs ? Pâques-Dieu ! Je ne sais qui me retient de te livrer à mon compère Tristan et de te faire pendre haut et court sous mes yeux mêmes !

— Oh ! sire, je crois volontiers qu'un beau matin la fantaisie vous viendra de m'envoyer dans l'éternité aussi bien que tant d'autres. Mais prenez-y garde. Je vous le jure à la face du Ciel, vous ne me survivrez pas huit jours, répondit Coitier avec un calme et un sang-froid qui imposèrent au roi et le firent reculer jusqu'à l'extrémité de son lit de repos.

La simple menace que contenaient ces paroles avait suffi pour faire tomber la colère de Louis, qui, prenant tout à coup un air presque piteux, tendit la main à son médecin et lui dit d'une voix lamentable :

— Voyons, Coitier, mon ami, aie donc un peu de compassion de ton roi. Aie un peu de patience et ne me tourmente plus avec des histoires auxquelles on ne peut rien changer. Applique-toi, au contraire, à fortifier mon pauvre corps malade, et tu n'auras pas à te plaindre de ma générosité.

— Mais, sire, vous m'accusez bien à tort de vous rappeler des souvenirs désagréables et poignants, répliqua le mire. Aussi pourquoi gardez-vous, parmi vos reliquaires, parmi vos coffrets, parmi vos boîtes, parmi les mille objets qui encombrent votre table, les dents de ces jeunes martyrs dont je parlais tout à l'heure ? A voir le soin que vous en prenez, ne devais-je pas croire moi-même que vous mettez votre plaisir à ces marques visibles de votre vengeance?

— Assez! assez! mon brave Coitier, repartit le roi. Tiens, je t'en prie, débarrasse-moi de ces dents de malheur. Prends-les, emporte-les avec la cassette où elles sont enfermées, et qu'on ne m'en dise plus jamais un mot. Car, vois-tu, on me donnerait un million de carolus d'or, que je ne toucherais plus du bout du doigt cette malheureuse cassette.

Le mire accepta avec une vive reconnaissance le petit meuble d'ébène, qu'il emporta sous son bras, après en avoir soigneusement refermé le couvercle au moyen d'une petite clef d'or que le monarque radouci détacha d'un trousseau attaché à sa ceinture.

Quelques jours après la scène que nous venons de raconter, on ne pouvait plus douter que la fin du roi ne fût très-prochaine. Personne cependant n'osa d'abord se hasarder de lui annoncer que son heure suprême allait sonner. Après un débat assez long, Olivier le Daim se chargea de lui faire connaître la terrible nouvelle. Accompagné de Coitier et de François de Paule, il s'approcha du lit du malade, et lui dit d'une voix brève, mais solennelle :

— Sire, nous sommes de trop bons serviteurs de Votre Majesté pour n'avoir pas le courage de nous acquitter d'un devoir, si pénible qu'il puisse être à remplir. N'ayez plus d'espoir que dans le saint homme que voici. C'est fait de vous assurément. Ainsi pensez à votre conscience; car il n'y a plus de remède.

A ces mots, Louis, comme si la foudre l'eût frappé, jeta tour à tour un regard interrogateur sur le mire et sur le saint cénobite. Mais, comme ceux-ci semblaient confirmer le langage de leur compagnon, en haussant tristement les épaules et en gardant le plus profond silence, le roi leur dit d'une voix plaintive :

— Je ne suis pas encore aussi mal que vous croyez; et j'ai trop de confiance en la miséricorde de Dieu, pour ne pas être assuré qu'il me viendra en aide.

Mais il avait beau dire. Dieu ne l'aida pas.

. . . .

Le 30 août 1483, vers l'heure où le soleil penchait vers son déclin, vous eussiez vu une troupe joyeuse de jeunes villageois et de jeunes filles, tous vêtus de leurs habits de fête, et portant des bouquets et des guirlandes de fleurs, se diriger vers le royal manoir de Plessis-les-Tours. A leur tête marchait un joueur de musette.

Qu'allaient-ils faire dans cette sinistre résidence? On n'eût pu le dire, si l'on n'avait su qu'à plusieurs reprises déjà les serviteurs du roi avaient organisé des sortes de bals champêtres sous les fenêtres de ses appartements pour essayer de le distraire de son humeur noire par le tableau de cette joie rustique. A travers les barreaux qui garnissaient les jours de sa chambre, il regardait les rondes animées que dansaient les villageois, il écoutait les refrains naïfs qu'ils chantaient, et peut-être oubliait-il, en les regardant et en les écoutant, les angoisses qui le tourmentaient et les remords qui lui rongeaient le cœur.

Or, dans la troupe folâtre qui s'acheminait ainsi vers la cour intérieure du château, se trouvaient Jacques et François d'Armagnac, leur frère Riche-en-Deuil, Hugo, Baudouin et Toinette Michelet, à qui le mire royal avait permis de se joindre à la bande joyeuse. Jacques et François étaient devenus de grands et beaux jeunes hommes, et Riche, alors âgé de six ans, était un enfant vigoureux et bien bâti. Ils savaient, par la bouche de leur père adoptif, à quel point le roi était tourmenté du souvenir des cruautés qui avaient marqué toute sa carrière, et ils lui avaient manifesté le désir de se convaincre par leurs propres yeux de ce que le remords peut faire souffrir à ceux qui ont vécu dans le mal. Hâtons d'ajouter qu'ils y avaient été poussés moins par une vaine curiosité que par le désir d'apprendre à mieux apprécier la réalité du bonheur dont ils jouissaient maintenant. Rien qu'à l'aspect de ce château sombre et farouche et à la vue des redoutables moyens de défense dont il était pourvu, il leur fut facile de juger de quelles terreurs Louis devait être obsédé.

— Ah! nous sommes bien plus heureux dans la maison du père Coitier à Meudon et dans son petit bien de campagne à Luynes, où il nous a installés il y a huit mois! fit observer Riche à Toinette quand ils furent entrés dans la seconde cour du château.

— Je suis bien de ton avis; et, pour mon compte, je n'échangerais pas notre sort contre celui du roi, répliqua la jeune fille en regardant avec une sorte de terreur le sinistre édifice.

— Et toi, ne danseras-tu pas quelque sarabande avec nous? demanda Hugo à François d'Armagnac dont le pied gauche s'était déformé dans la cage de la Bastille au point de boiter légèrement et qui, pour ce motif, se tenait un peu en arrière des danseurs.

— Ma foi, voyons, j'en ai grande envie, repartit le jeune homme. Car il me semble que j'ai le droit de sauter ici, puisque cette fois Sa Majesté veut bien me le permettre.

— Et moi aussi, ajouta Jacques d'autant plus qu'il m'a poussé quelques dents nouvelles que je ne donnerais pas pour celles du roi....

— Chut! interrompit en ce moment Baudouin en élevant un doigt pour imposer silence aux jeunes causeurs. Voici que la musette commence; il est temps de prendre nos places. Tout à l'heure on donnera le signal; car le roi va paraître à la fenêtre là-bas, et, quand il sera là, il faut que la danse soit en train.

Il s'était à peine écoulé quelques secondes qu'on vit une main s'agiter entre le grillage de la fenêtre que Baudouin avait désignée à ses compagnons et qui était celle de la chambre du roi. Mais évidemment ce n'était pas un signal de joie qu'elle donnait. Au contraire, elle semblait faire signe aux danseurs de s'éloigner. Cependant, de crainte d'avoir mal compris, ils ne bougèrent point de la place où ils étaient. Au même instant ils virent se hisser au sommet du donjon du château un drapeau noir qui déroula dans l'air ses plis énormes.

— Que Dieu me soit en aide ! Qu'est-ce que cela veut dire ? se demanda le joueur de musette tout interdit.

Comme le musicien effrayé se faisait cette question en lui-même, l'homme qui venait de hisser le drapeau noir et qu'à sa cotte armoriée chacun reconnut pour le héraut d'armes du royaume, cria, en se tournant vers l'orient, cette antique formule française :

— Le roi est mort ! Vive le roi !

Puis, se tournant successivement vers les trois autres points principaux de l'horizon, il répéta à trois différentes reprises le même cri :

— Le roi est mort ! Vive le roi !

Peu de moments après, maître Olivier congédia les danseurs, qui se retirèrent en silence.

Comme les enfants adoptifs de Coitier regagnaient tranquillement le calme refuge qu'il leur avait préparé au village de Luynes près de Tours, Baudouin murmura à l'oreille de Jacques d'Armagnac :

— As-tu bien compris ce que le héraut disait ?

— Certainement, répondit Jacques étonné de cette étrange question.

— Les mots, c'est possible. Mais je veux dire le sens intime de ces mots, reprit Baudouin.

— Qu'y trouves-tu donc de si mystérieux ? fit le jeune prince qui ne savait où son compagnon voulait en venir.

— Vois-tu, répliqua le fils de la veuve Michelet, pour bien comprendre ces mots, il faut être initié au langage des gens de cour. « Le roi est mort ! » cela veut dire : « C'est fini ; nous n'avons plus ni grâce ni faveurs à attendre de celui-là. » On a donc soin d'y ajouter par prudence : « Vive le roi ! » ce qui signifie : « Nous sommes de cœur et d'âme à celui qui vient, pourvu qu'il nous dispense grâces et faveurs à foison. » Est-ce ainsi que tu l'avais compris ?

— Ma foi, non, repartit Jacques en secouant tristement la tête. Devant l'idée de la mort, je ne songeais point à l'ingratitude ni à l'égoïsme des hommes ; et, quelque mal que nous ait fait le roi, je priais intérieurement pour lui afin qu'il trouve miséricorde auprès de Dieu, comme il a trouvé auprès de nous l'oubli de ce qu'il nous a fait souffrir.

Vers le soir, maître Coitier, qui n'avait plus rien à faire au château, revint à sa petite maison de Luynes. Il avait sous le bras la cassette de bois d'ébène que nous connaissons et qu'il remit à Jacques et à François en leur disant :

— Tenez, mes enfants, voici un petit souvenir que le roi vous envoie.

C'était un souvenir, en effet, un souvenir terrible des souffrances

que les deux prisonniers avaient subies naguere, et en même temps un
souvenir touchant de dévouement fraternel.

Quand le mire eut ouvert la cassette et que François eut vu ce
qu'elle contenait, deux jets de larmes montèrent aux yeux de l'enfant
qui s'élança au cou de son frère en s'écriant :

— Ces dents sont les tiennes ! Je les garderai jusqu'à la fin de ma vie,
comme une preuve sainte de ton affection et du sacrifice que tu as si
généreusement fait pour moi. Tant qu'il restera un membre de notre
famille, sur la terre, il regardera comme son plus précieux trésor celui
que renferme cette cassette.

Et les deux frères s'embrassèrent l'un l'autre avec la plus touchante
effusion.

— Mes enfants, dit alors Coitier, il nous est permis d'espérer que
vous ne courrez aucun danger sous le règne du nouveau roi, si vous
vous décidez à reparaitre dans le monde sous votre véritable nom et à
prouver que votre mort n'a pas été réelle. Peut-être même obtiendrez-
vous d'être réintégrés, sinon dans tous les domaines de votre père, au
moins dans une partie de ses biens.

— Non ! non ! s'écrièrent au même instant les deux princes comme
par une seule bouche. Non ! non ! nous voulons rester vos fils, si vous
consentez à nous laisser votre nom. Depuis que vous vous êtes offert à
nous servir de père, nous avons été si heureux que nous renonçons
volontiers et pour toujours à des noms, à des titres, à des grandeurs
qui nous ont exposés à de si cruelles persécutions et à de si nombreux dangers.

— C'est comme vous voulez, mes chers enfants, répondit Coitier
ému jusqu'aux larmes. Du reste, vous serez à l'abri du besoin. Les
grandes sommes d'argent dont le roi m'a gratifié à cause de mon art,
je ne les ai acceptées que comme une compensation de ce qu'il vous
avait pris en confisquant les biens de votre famille, et je les ai mises
en réserve pour vous. Il vous en restera assez pour figurer honorablement dans le monde, même après que les enfants de ma bonne sœur en
auront obtenu leur part.

Après la mort de Louis XI, les portes du monastère où Marguerite
d'Armagnac avait été enfermée s'ouvrirent aussi, et la jeune fille fut
enfin réunie à ses frères qu'elle n'avait pas vus depuis tant d'années.
Nous n'avons pas besoin de dire quels transports de joie elle éprouva
en les revoyant, Jacques et François presque hommes déjà, et Riche
devenu un enfant solide de corps et d'esprit. La princesse, qui ne savait
pas le moindre mot des tortures que les deux premiers avaient souffertes dans la Bastille et qui ignorait aussi qu'ils passaient pour morts,
leur donna à tous le nom de frères en les embrassant avec effusion.

— Ah ! vous voyez maintenant, dit alors Riche à Jacques et à François, vous voyez maintenant que vous êtes mes véritables frères,

comme je l'ai toujours pensé, quoique vous n'ayez cessé de me dire
que cela n'était pas.

— Oui, nous sommes tes frères, nous sommes des Armagnac,
repartit Jacques, et puisse le lien de notre affection fraternelle rester
indissoluble! Mais, depuis le moment où, sortis de nos cages de fer,
nous fûmes sauvés de la mort que nous devions y subir, nous avons
déposé à tout jamais le nom d'Armagnac et celui de Nemours. La
résolution que nous prîmes alors, nous la maintenons; car nous ne
voulons pas être ingrats envers notre commun bienfaiteur Coitier,
ni trahir l'homme généreux qui, au péril de ses jours, a préservé
les nôtres.

Ils persévérèrent tous deux dans la noble décision qu'ils avaient
prise, bien que plus tard le roi Charles VIII, successeur de Louis XI,
fît réintégrer dans une partie des domaines du duc de Nemours le seul
représentant mâle de ce prince qui fût encore légalement connu comme
vivant. Ces biens, Riche voulut absolument les partager avec Jacques
et François; mais ceux-ci refusèrent d'en accepter la moindre portion.

— Non, dirent-ils; la maison d'Armagnac et de Nemours ne doit
plus être morcelée par des partages. Tu es le seul de notre lignée
que la loi reconnaisse encore, et, comme tel, il faut que tu rendes à
la famille dont nous sommes issus le lustre et la splendeur dont elle
a été privée depuis si longtemps. Quant à nous, nous continuerons à
vivre dans la retraite. De là nous ne cesserons de veiller sur toi, et, s'il
te plaît, nous t'assisterons de nos conseils quand tu en auras besoin;
car nous avons acquis une expérience trop amère des grandeurs pour
ne pas y préférer la vie humble et calme que nous goûtons ici.

Depuis ce temps, les deux Armagnac, les Michelet et le noble frère
de la veuve ne formèrent plus qu'une seule et même famille. Ils cou-
lèrent des jours sereins et tranquilles dans l'union la plus parfaite;
et, heureux du bonheur dont jouissaient ses enfants adoptifs, le brave
Coitier crut se voir rajeunir, de même que sa pieuse sœur. Rentrés
dans la charmante petite maison de Meudon, ils n'auraient eu plus
rien à désirer s'ils avaient possédé au milieu d'eux Hugo, Riche et
Marguerite qui avait suivi son frère dans le monde. Mais ils savaient
très-bien qu'ils n'avaient pas cessé d'occuper la meilleure place dans
le cœur de Marguerite et de Riche, qui, d'ailleurs, venaient les voir
plusieurs fois tous les ans. Quant à Hugo, il passait, tous les diman-
ches, quelques heures dans le cercle fortuné des siens, d'où il empor-
tait, pour le reste de la semaine, mille agréables et doux souvenirs;
et, plus tard, lorsque, devenu l'héritier de maître Escabeau, il lui eut
aussi succédé comme premier pâtissier-confiseur de la cour, il n'aurait
pour rien au monde livré une friandise nouvelle à la table royale avant
qu'ils en eussent eu les prémices.

Aujourd'hui le château de Plessis-les-Tours, résidence préférée de

Louis XI, n'existe plus. La Bastille, où les enfants du duc de Nemours eussent péri sans la généreuse intervention de Coitier, a disparu du sol avec les lugubres souvenirs qui s'y rattachent. Les descendants eux-mêmes de l'implacable souverain errent dans l'exil loin de cette France si belle, si grande, si puissante, qui fut leur patrie.

Mais le tribunal de l'histoire et celui de la postérité restent toujours ouverts pour juger les actes de Louis XI, inhumains la plupart, mais tous inscrits sur le livre de Dieu, qui est le rémunérateur du bien et qui ne laisse jamais le mal impuni.

FIN.

TABLE.

Tours, imp. A. Cattier.

DU MÊME ÉDITEUR

Musée moral et littéraire de la Famille.

Chaque vol. gr. in-8, papier fort, est orné d'un sujet gravé et élégamment broché.

Alof le Chevrier; par D'AVELINE.

Amies (les) de pension, nouvelle traduite de l'anglais.

Au Foyer de la famille, nouvelles; par THIL-LORRAIN.

Baguettes (les) du petit tambour; par A. D'AVELINE.

Chambre (la) à la porte de fer; par A. D'AVELINE.

Chaumière (la) de Haut-Castel; par E. BENOIT.

Clef (la) de la Frégate; par D'AVELINE.

Clémence ou Dieu veille sur l'orpheline; par H. VAN LOOY.

Contrebandiers (les) du val des Trois-Mètres; par A. D'AVELINE.

Croix (la) d'Orval; par Aymé CÉCYL.

Deux histoires de la Chambre rouge; par A. D'AVELINE.

Edouard Blackford, épisode de l'histoire d'Angleterre.

Epis (les) de Ruth; par M. FOURÉ.

Etoile (l') de Tunis; par Ch. RAYMOND.

Ferme (la) d'El-Marbi; par Arm. DE SOLIGNAC.

Fleurs de la vie de pension; par H. VAN LOOY.

Jean Sobieski, roi de Pologne; par l'abbé GUENOT.

Lances (les) de Lynwood; par J.-W. PARKER.

Neveu (le) de l'ingénieur; par le docteur OLIVIER.

Olivier Cromwell; par VON AMBACH.

Père (le) Laval; par James MAC SHERRY.

Périls (les) de Paul Percival, traduit par DE COURSON.

Ravin (le) des loups; par A. D'AVELINE.

Rupert le Braconnier; par VON AMBACH.

Scander-Bey; par l'abbé GUENOT.

Sire (le) Errard; par DE MARICOURT.

Trésor (le) de l'île des flibustiers; par D'AVELINE.

Un Esprit et un Cœur; par M. FOURÉ.

Vengeance (la) d'un ci-devant; par René D'ANJOU.

Ville (la) des morts; par GERBÈS.

Village (le) des Alchimistes; par A. D'AVELINE.

Récits historiques et légendaires de la France

Chaque vol. in-12, d'environ 120 p., est orné d'un sujet gravé et élégamment broché.

Amis du Paon d'or (Ardennes); par J.-P. FABER.

Amis (les) en vacances, excursions en Flandre; par J.-P. FABER.

Basques et Béarnais; par BALECH-LAGARDE.

Bords (les) de la Somme; par J.-P. FABER.

Bresse et Bugey; par A. DE GY.

Chevalier (le) de Jeanne d'Arc; par BALECH-LAGARDE.

Chroniques et légendes de l'Ain; par DE GY.

Débuts (les) de Justin; par BALECH-LAGARDE.

Ermite (l') de Beausoleil; par BALECH-LAGARDE.

Entretiens sur le Berry; par CÉCYL.

Excursions dans le département de Seine-et-Oise; par Mme DE GAULLE.

Journal d'un écolier de la Manche; par la baronne DE CHABANNES.

Mémoires d'un Inconnu (Lol); par BALECH-LAGARDE.

Mystères (les) de la tourelle (Soissonnais); par R. DE MARICOURT.

Dîners (les) de Saint-Blancard; par BALECH-LAGARDE.

Légendes du Limousin; par GUIBERT.

Parisiens (les) en Bretagne; par Léonce DE LA BALLAYE.

Nantes et la Loire inférieure; par Léonce DE LA BALLAYE.

Notre-Dame de Pitié; par POILLON.

Sur les rives de l'Ain; par Ame DE GY.

Sac (le) aux armes de Bourges; par Aymé CÉCYL.

Le Solitaire de la Morinie; par J.-P. FABER.

Sylva Maria ou les Dunes; par l'abbé MOEL.

Touristes (les) du Puy-de-Dôme; par Mme DE CHABANNES.

Un Anglais sur le chemin de fer du Nord; par DE MARICOURT.

Un Coin de la vieille Picardie; par DE MARICOURT.

Une Semaine à Moulins; par Mlle BLANC.

Veillées artésiennes; par FABER.

Veillées d'Eure-et-Loir; par la baronne DE CHABANNES.

Veillées picardes; par J.-P. FABER.

La Ville des Neiges; par BALECH-LAGARDE.

Voyage en Flandre; par FABER.

Voyage en Zig-Zag; par FABER.

Ce catalogue s'augmente de nouvelles éditions.

Tours, imprimerie Pasquier.